Tableaux de chasse

Peintures du musée de la Vénerie

ISBN 2-85056-460-5

Conception graphique : Florence Roy
Relecture et corrections : Pascale de Langautier
Fabrication : Sophie Tesson
Suivi éditorial : Stéphanie Méséguer

Imprimé en Italie (Communauté européenne)
Dépôt légal : mai 2001

Tableaux de chasse

Peintures du musée de la Vénerie

sous la direction de Bénédicte Ottinger
conservateur des musées de Senlis

SOMOGY
ÉDITIONS
D'ART

MVSEE
DE·LA
VENERIE
SENLIS

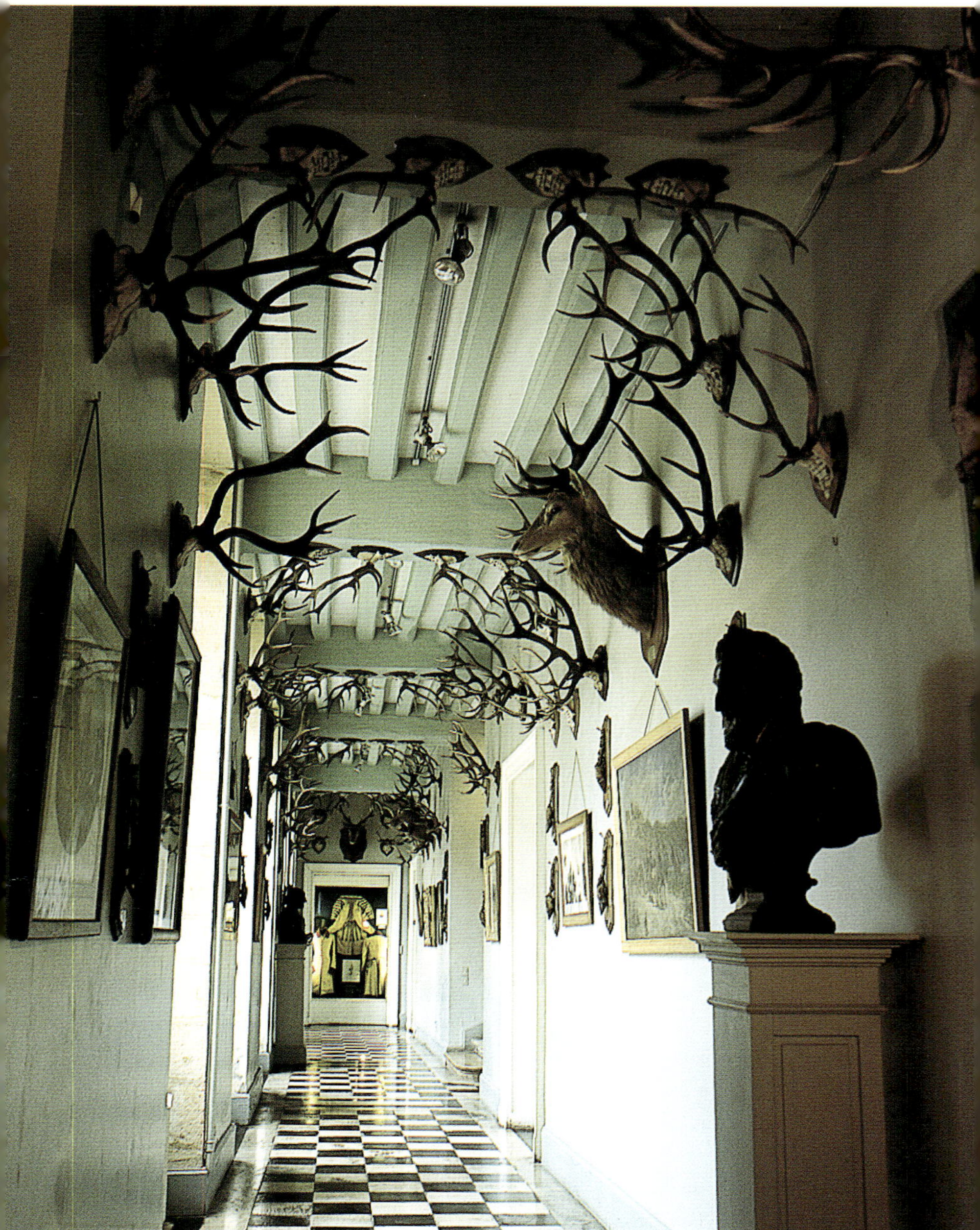

Couloir d'entrée du musée

REMERCIEMENTS

Ce catalogue, publié par la Société des amis du musée de la Vénerie, n'aurait pu voir le jour sans le soutien de M. Arthur Dehaine, député maire de Senlis et de son conseil municipal. Il a reçu le concours de la Direction générale des Affaires culturelles de Picardie, Mme Marie-Christine Weiner étant directrice, M. Jean-Pierre Poggi, conseiller musées-arts plastiques et l'appui du conseil général de l'Oise, de son président, M. Jean-François Mancel, ainsi que de la Société de Vénerie.

Nous remercions pour leurs contributions les auteurs du catalogue : MM. Stéphane-Jacques Addade, David Brouzet, Louis Cuvreau, Pierre Jacky, Hervé Tremblot de La Croix, Patrick de Villepin.

Nous tenons également à saluer tous ceux qui, à des titres divers, ont participé à la documentation de cet ouvrage :
Mmes et MM. Éric Bazin de Jessey, Jérémie Benoît, Alexis de Bertier de Sauvigny, Jean Beysset, Claude Brien, Roger Cardon, Pauline Carter, Frédéric Chappey, Stanislas de Chaudenay, Gilles Chazal, Jean-François Darolles, Ashley Dormeuil, Clarisse Duclos, Philippe Dulac, Nicole Garnier, Élisabeth Foucart-Walter, Jacques Foucart, Vincent Labouret, Françoise de Lastic, Irène Leniston, Claude Lesné, Daniel Lobstein, Juan J. Luna, Françoise Maison, Laure de Margerie, Henry de Montesquieu, Véronique Moreau, Dominique d'Orglandes, Jacques Peloye, Gérard Pelzer, Alain Pougetoux, Marie-Christine Prestat, Isabelle Reille, Nicolas Réquillard, Jane Roberts, Anne Roquebert, Pierre Rosenberg, Nicolas Sainte-Fare-Garnot, Claude Sainsot, Xavier Salmon, Jean-Pierre Samoyault, Louis-Gaspard Siclon, Laure Starcky, Philippe Villain.
Le personnel des musées de Senlis, Laurence Dapremont, assistante de conservation, Françoise Plaza, régisseur, Francis Vidal, agent technique qualifié, Jérôme Walle, guide du musée de la Vénerie, ont suivi avec une disponibilité constante son élaboration.
La Grande Chancellerie de la Légion d'honneur, les services de documentation du musée des Années Trente (Boulogne-Billancourt), du musée des Beaux-Arts (Bordeaux), du musée international de la Chasse (Gien) ; le musée des Beaux-Arts (Lyon), le musée de Noyon, les musées du Louvre et d'Orsay (Paris) ont fourni un certain nombre d'informations concernant les artistes de ce catalogue. Que tous en soient remerciés.

LISTE DES ABRÉVIATIONS ET DES SIGNATURES :

AUTEURS :

Stéphane-Jacques Addade	*S. J. A.*
David Brouzet	*D. B.*
Louis Cuvreau	*L. C.*
Pierre Jacky	*P. J.*
Bénédicte Ottinger	*B. O.*
Hervé Tremblot de La Croix	*H. T. C.*
Patrick de Villepin	*P. de V.*

ABRÉVIATIONS :

H. B. : huile sur bois
H. T. : huile sur toile
Format : hauteur x largeur en mètres
Inv. : n° d'inventaire
Hist. : historique
Bibl. : bibliographie
Exp. : expositions

SOMMAIRE

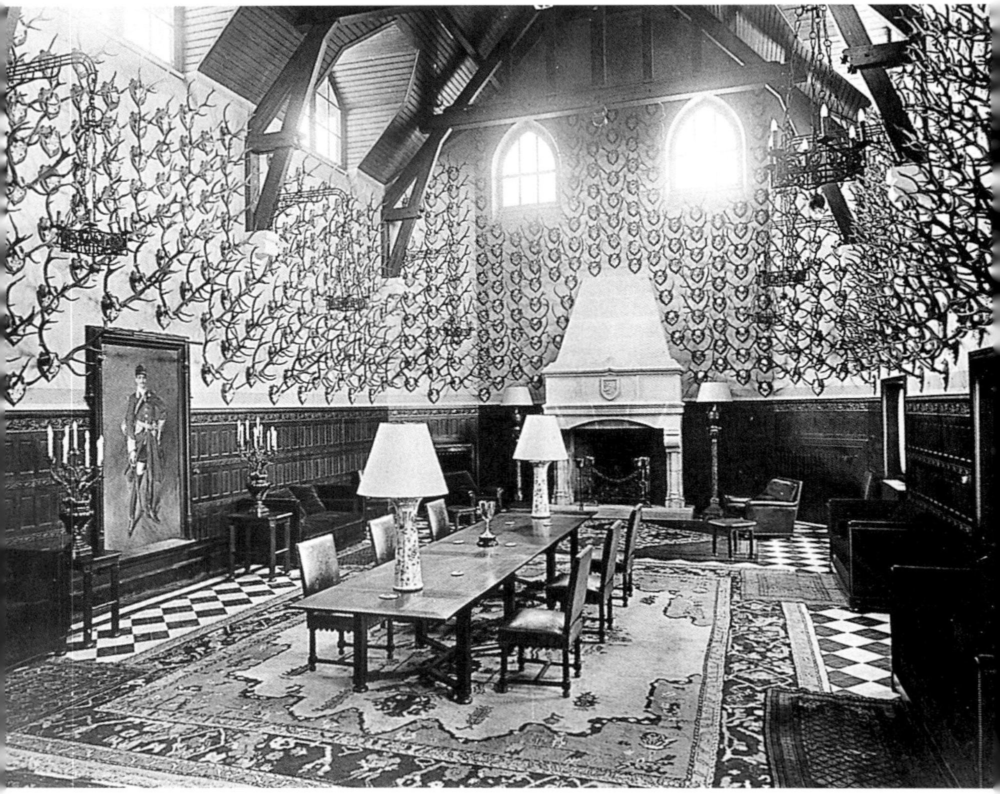

Collection de trophées et *Portrait d'Olympe Hériot* par Giovanni Boldini [cat n° 11] dans la grande salle de la propriété Hériot de Pont-de-l'Arche avant leur transfert au musée de la Vénerie. Photographie, Senlis, musée de la Vénerie

AVANT-PROPOS

La chasse à courre aux chiens courants se pratique dans les forêts de Senlis depuis des temps immémoriaux. Les auteurs romains sont les premiers à évoquer cette activité à laquelle excellaient les Gaulois pour capturer cerfs, sangliers et aurochs, ces animaux proches du bison aujourd'hui disparus.

Exigeant intelligence et endurance, ce mode de chasse est, d'aussi loin que nous le conte l'histoire, l'apanage des guerriers qui y exercent le meilleur de leurs facultés. C'est ainsi que lorsque les Francs firent la conquête de la Gaule, leurs chefs l'adoptèrent à leur tour et s'en réservèrent l'exercice.

Au Moyen Âge, au fur et à mesure que l'influence du christianisme vient policer les mœurs, la guerre se civilise et la chasse, à laquelle les féodaux s'adonnent pour « s'aguerrir », se double d'un code d'honneur issu de l'amour courtois et de la chevalerie.

La chasse aux chiens courants prend le nom de vénerie. Sa pratique est régie par des règles qui, avec le *Livre de chasse* de Gaston Phœbus, sont dès la fin du XIVe siècle formulées par écrit et illustrées. Les manuscrits enluminés et les tapisseries seront les premières manifestations de l'art dans la vénerie.

Au XVIe siècle, l'apparition des armes à feu menace de disparition rapide les grands animaux qui peuplaient nos forêts et le roi François Ier décide de réserver à la Couronne la chasse du cerf : la vénerie devient royale.

Attribut régalien du pouvoir, elle va connaître son apogée avec la civilisation de cour issue de la Renaissance et devenir source d'une importante activité artistique : artisans d'art et artistes vont rivaliser pour embellir les

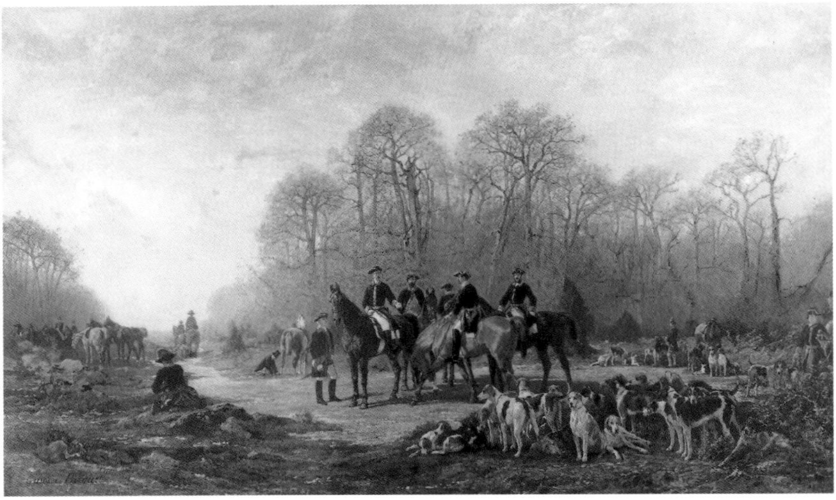

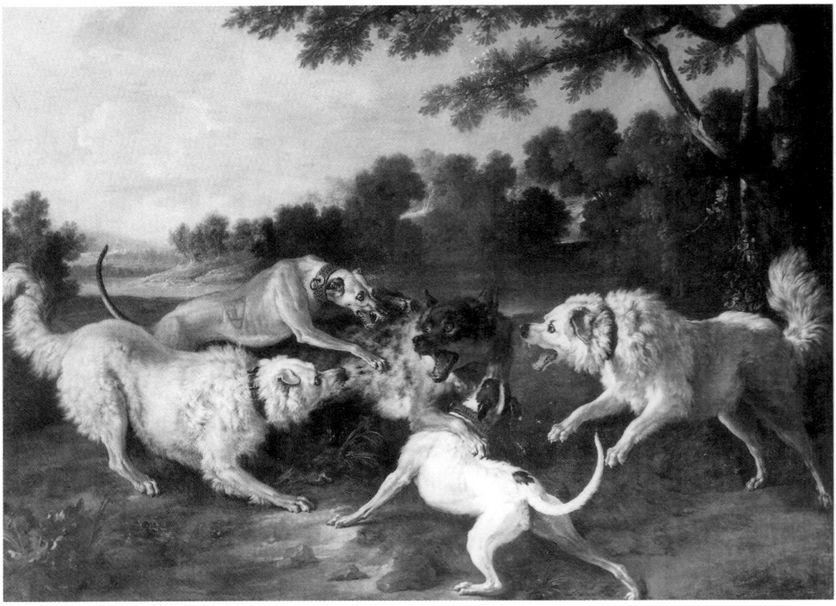

Gustave Parquet, *Rendez-vous de la vénerie impériale,*
Compiègne, musée national du Château
[*cf.* esquisse préparatoire cat. n° 57]

Jean-Baptiste Oudry, *Chasse au loup,*
Gien, musée international de la Chasse [*cf.* copie cat. n° 16]

Gustave Parquet, esquisse préparatoire [*cf.* cat. n° 58],
Collection particulière

conditions de son exercice et la représentation de ses fastes, que ne déploient que les souverains et les princes du sang, relayés après la Restauration par les grandes familles qui détiennent puissance ou richesse.

La peinture figure au premier rang de cette expression artistique ; le musée de la Vénerie en possède de remarquables témoins : peinture allégorique de l'école de Fontainebleau (cat. n° 1), peinture animalière (cat. nos 20-22, 27, 64, 65,72-73), peinture d'histoire et de Cour (cat. nos 41, 45-46, 48) sans oublier le portrait mondain (cat. nos 11, 24).

Cet ensemble exceptionnel de tableaux nous laisse l'image construite d'une vive passion domestiquée par une civilisation qui connaîtra son sommet entre 1850 et 1914, illustrée à cette date par l'ouvrage du baron Karl Reille, *La Vénerie contemporaine.*

La vénerie survit pourtant aux métamorphoses de la société au cours du XXe siècle ; moins fastueuse sans doute, elle reste la chasse noble par excellence, et se pratique en particulier autour de Senlis, dont les forêts résonnent toujours deux fois par semaine des trompes de l'équipage des Trois-Forêts.

GUY DE LAPORTE
président de la Société des amis du musée de la Vénerie

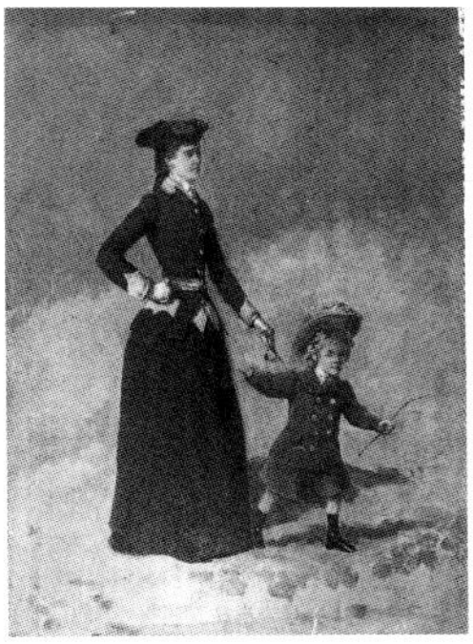

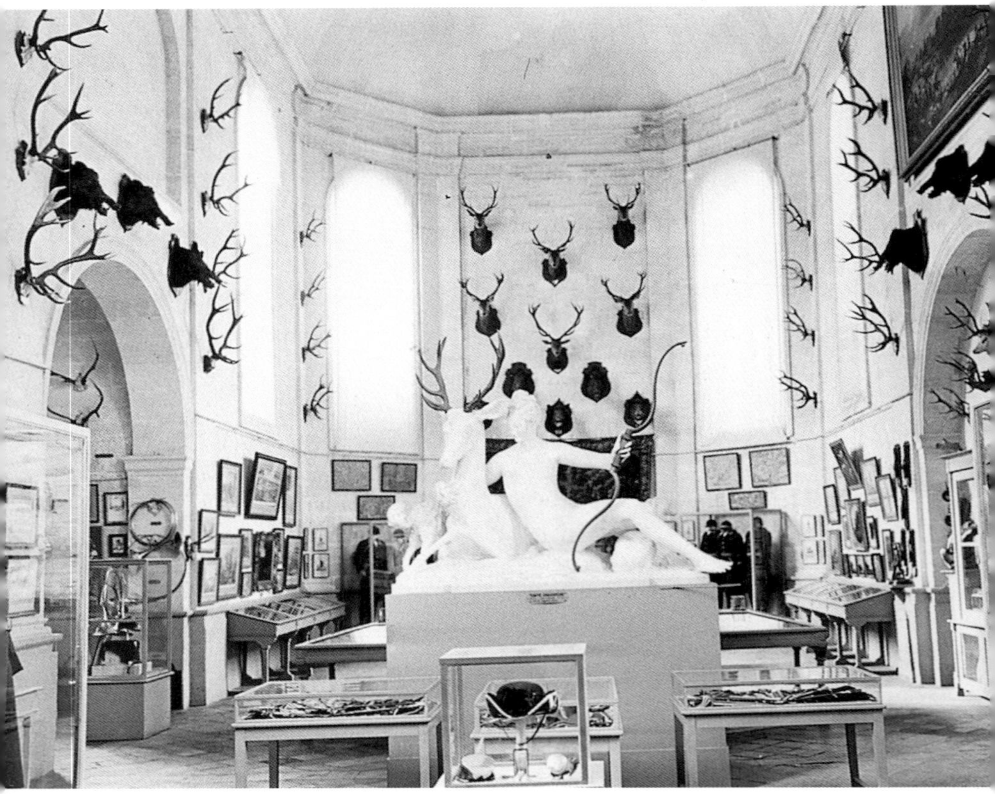

Vue intérieure du musée dans la chapelle de La Charité

HISTORIQUE DU MUSÉE

Le 12 octobre 1935 est inauguré à Senlis, dans la chapelle XVIIIe siècle de l'ancien hôpital du couvent de La Charité, un musée de la Vénerie, considéré comme le premier du genre en France et en Europe. Son objet est de rassembler, selon les termes de son fondateur, « tout ce qui se rapporte à la vénerie (armes costumes, trophées, peintures, sculptures, gravures, livres...) plus particulièrement française ».
Certes, un musée de la Chasse se crée sensiblement à la même époque à Munich, un autre existe à Budapest, et les formes artistiques suscitées par la cynégétique figurent en bonne place dans les palais et musées nationaux. L'idée de créer un établissement voué à cette activité emblématique du pouvoir royal qu'est la chasse à courre est cependant inédite. Elle germe, dans l'esprit de Charles Hallo (cat. nos 33-35), lors d'une visite à l'exposition qui lui est consacrée en 1922 au musée des Arts décoratifs à Paris. Découvrant un ensemble, qu'il juge « hors pair », d'œuvres d'art, accessoires du rituel et objets formant le cadre familier des veneurs, il décide de lui vouer, à Senlis où il réside depuis 1920, une collection permanente. Hallo mettra douze ans à concrétiser son projet. Devenu conseiller municipal, puis conservateur le 14 novembre 1934, il parvient à imposer la transformation de l'ancien musée municipal en un musée dédié à la vénerie. Moins d'un an plus tard, l'établissement est inauguré par le ministre de l'Agriculture. Ses collections à la fois artistiques, historiques et folkloriques n'allaient cesser de s'enrichir.

À la veille de mutations radicales dans la société, sous le Front populaire et la guerre, quelle est l'actualité d'un musée voué à l'évocation d'un loisir hautement raffiné, qui s'enracine dans la société de l'Ancien Régime ? Après avoir survécu à la Révolution, la chasse à courre n'est-elle pas condamnée à disparaître ? L'image de la vénerie demeure, du fait de son

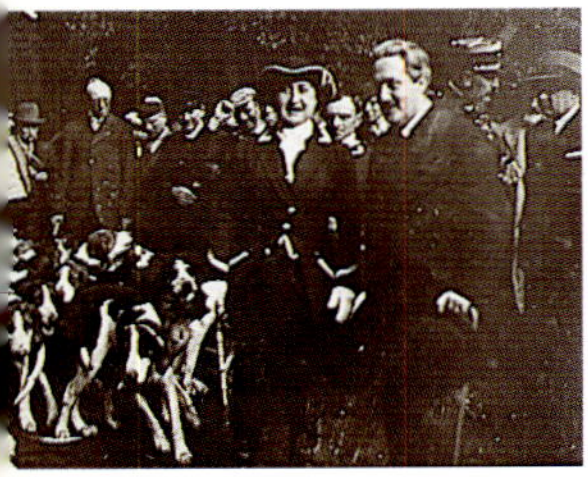

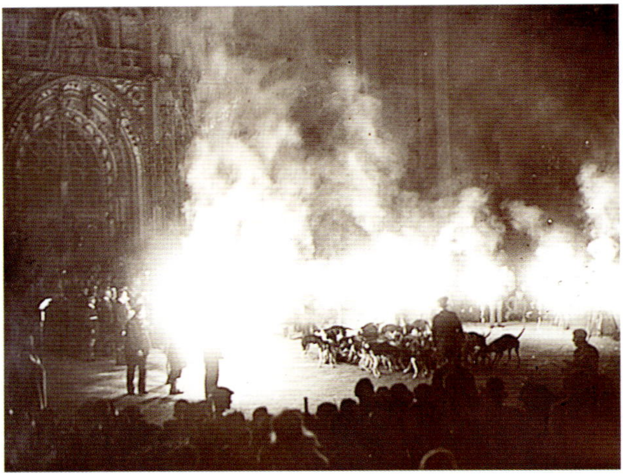

La marquise de Chasseloup-Laubat, maître d'équipage du rallye Par Monts et Vallons, et C.-J. Hallo lors de la chasse donnée pour l'inauguration du musée

La curée aux flambeaux devant la cathédrale lors de la journée inaugurale du musée

passé royal, associée à une pratique élitiste. En 1935, il est « bien porté de railler la chasse à courre, ses gens, son langage, au même titre que les grâces de l'époque 1900 », lit-on dans *L'Ami du peuple* du 15 octobre 1935. Dans la mouvance de Georges-Henri Rivière, le fondateur du musée des Arts et Traditions populaires, c'est dans un but de sauvegarde qu'Hallo réunit les témoignages d'une tradition menacée.

Face à Pierrefonds et Chambord, également pressentis, le choix de Senlis se fonde sur le rôle séculaire que tient la vénerie dans cette cité, implantée au carrefour de trois massifs forestiers, Halatte, Ermenonville et Chantilly, où séjournèrent les premiers rois de France. Au début du XXe siècle, l'Oise demeure le réservoir de la tradition cynégétique la plus prestigieuse. Comme le constate Vergnet-Ruiz, « les grandes familles, qui chassent encore à courre dans la région, et des châtelains nombreux dans ces confins du Beauvaisis et du Valois » vont apporter leur soutien inconditionnel à ce musée naissant qui incarne le versant culturel d'une pratique sportive et sociale. Tous ont conscience que ce conservatoire de la vénerie doit être un outil militant pour sa survie. La Société des amis du musée, que plusieurs d'entre eux créent dès 1934, par ses dons, son appui moral et financier au musée, est un élément déterminant dans le dispositif mis en place par Hallo. La ville de Senlis, fortement sollicitée par l'entretien d'un patrimoine bâti

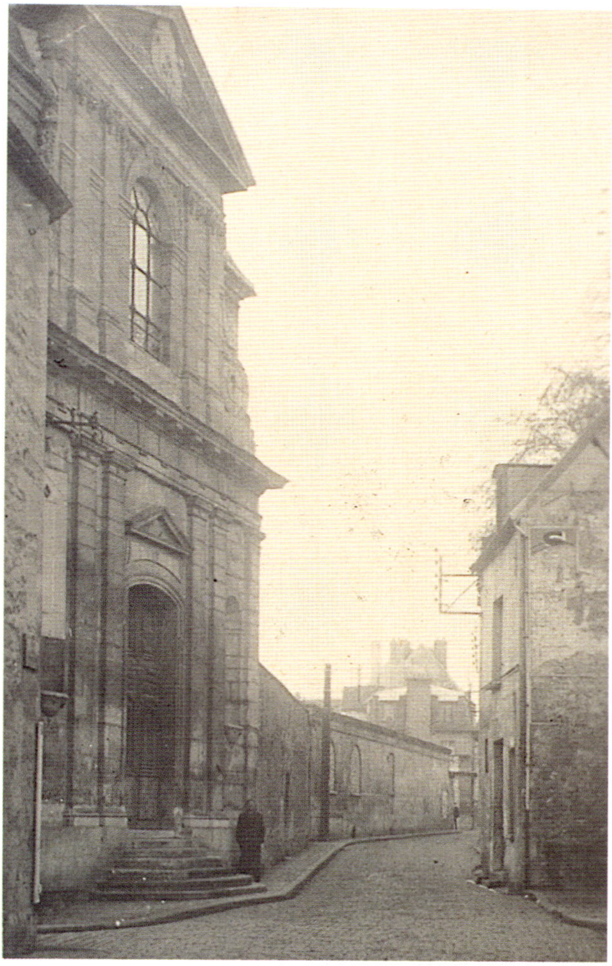

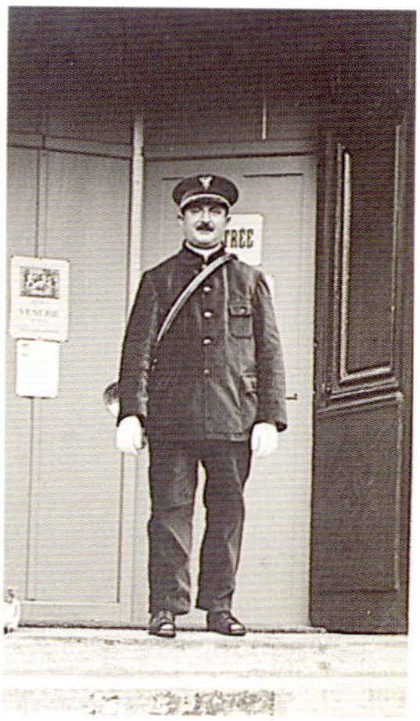

Façade de La Charité

Drocourt, le premier gardien du musée

remarquable, ne peut offrir à son musée que des moyens à son échelle. Doté d'un local et d'un gardien par la municipalité, l'établissement repose pour son fonctionnement sur l'ardeur de son conservateur bénévole épaulé par la Société des amis à qui il incombe de susciter dons et achats.

Les décennies fondatrices (1934-1954)

La création du musée de la Vénerie entraîne la mise en réserve des collections municipales inaugurées en 1887

dans la chapelle de La Charité. Peint en marron, à la mode de l'époque, l'intérieur de l'édifice est gratté pierre à pierre. Parti de rien, Hallo parvient à réunir, au cours des dix mois qui précèdent l'inauguration de 1935, quelques centaines d'objets. Grâce au soutien d'un érudit, le commandant de Marolles, il se lance dans une collecte d'objets qui illustrent la vénerie ou servent à sa pratique. La générosité des veneurs fait entrer à La Charité différents souvenirs, au pedigree parfois illustre : le sabot de cheval du prince de Joinville, l'embouchure de la trompe de Charles X, le baudrier et le couteau de chasse du duc d'Aumale. En 1936, le musée dispose de treize études de F. Desportes provenant de la manufacture de Sèvres, complétées en 1948 par un nouveau dépôt de seize esquisses. Plusieurs artistes font des dons, notamment J.-É. Blanche (cat. n° 10), J.-P. Pinchon (cat. n°s 61-62) ou J. Oberthür (cat. n°s 49-52). Complétés par ceux de la Société des amis, présidée par le baron d'Eichtal, les crédits du legs Marmottan (cat. n° 66) permettent des acquisitions, en particulier la *Chasse de Louis XIV à Chantilly*, alors attribuée à Van der Meulen (cat. n° 45). Aucun incunable n'étant malheureusement à sa portée, Hallo recourt à la reproduction. Par sa taille imposante, l'édition en plâtre de la *Diane d'Anet*, offerte par M. David-Weill en 1936, constitue un point d'appel au centre de la chapelle en même temps qu'une illustration de l'importance des thèmes cynégétiques dans l'art. Quelques rares œuvres de l'ancien musée municipal s'adaptent à la nouvelle vocation des lieux, comme *La Chasse à Naples* de Swebach-Desfontaines (cat. n° 66) ou un buste en terre cuite de Catherine de Médicis (don Reyre, 1934). D'autres sont utilisées à titre d'échange (cat. n° 25).
1939 marque une étape dans l'aménagement du musée par l'annexion des trois pièces en enfilade de l'ancienne salle des malades, perpendiculaire à la nef de La Charité, qui étaient jusqu'alors occupées par des classes. Une chapelle latérale est désormais consacrée à saint Hubert tandis que l'entrée des visiteurs se fait désormais par l'avenue de la République. Des trophées, provenant du legs Delanos, animent les hauts murs de la chapelle.
La guerre interrompt le développement du musée. Le

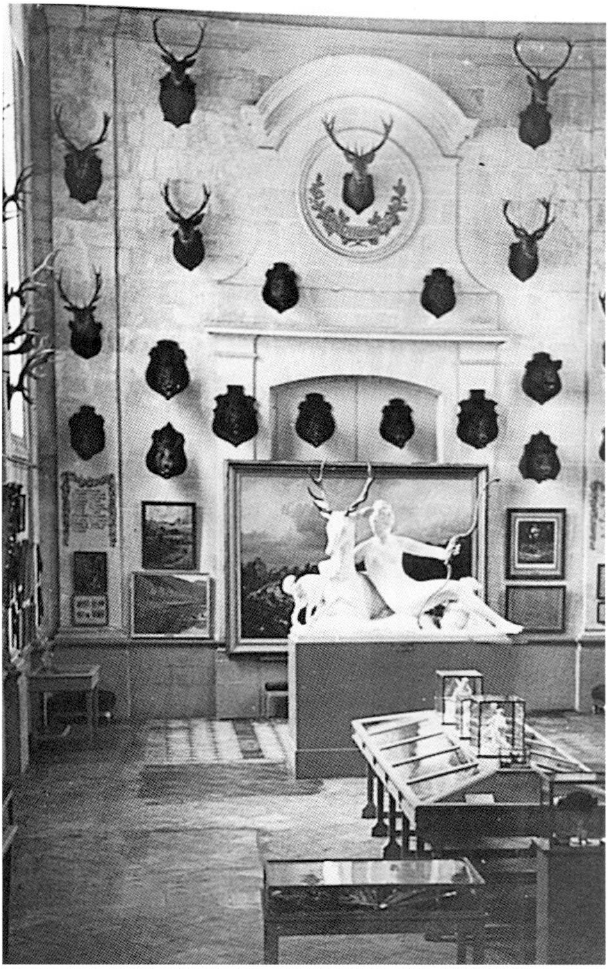

La nef de la chapelle
de La Charité, vers 1938

bâtiment est bombardé, ses vitraux pulvérisés et plusieurs tableaux touchés par des éclats d'obus. Hallo connaît des dissensions avec la nouvelle municipalité qui maintient le partage des locaux entre le musée et divers équipements scolaires. Il ne désarme pas et obtient, le 19 janvier 1942, le classement du bâtiment au titre des Monuments historiques. Au cours des années qui suivent, faute d'être restauré, l'établissement est cependant le plus souvent fermé.
Le 4 juin 1949, une campagne de travaux menée pas à pas aboutit finalement à une nouvelle inauguration du musée

par le ministre de l'Agriculture. L'organisation de la collection n'a pas changé, mais Hallo en intensifie l'accompagnement pédagogique par différents panneaux qu'il compose lui-même. Certains, consacrés au déroulement d'une chasse, articulent des gravures de Carle Vernet à un texte explicatif. D'autres reproduisent les plans des forêts de l'Oise ou donnent en un léger relief de cire polychrome la succession des rois veneurs. Deux dioramas, offerts en 1936 par la maison Keller et aujourd'hui détruits, complètent ce dispositif qui familiarise les non-initiés avec le langage et les pratiques de la vénerie. Le conservateur crée lui-même ses encadrements de bois peint en vert et calligraphie les cartels des œuvres, donnant ainsi une touche personnelle et unificatrice à des collections quelque peu disparates.

Le transfert du musée dans l'enceinte du château royal : de nouvelles orientations (1958-1978)

Georges de Lastic, nommé en 1955, procède au déménagement des collections. À son arrivée, le nouveau conservateur adresse à la direction des Musées de France un rapport suggérant l'affectation d'une partie de l'ancien château royal, que la Ville projette d'acheter à la famille Turquet de La Boisserie, au musée. La magie des lieux, son ancrage dans les temps fondateurs de la monarchie (Hugues Capet y aurait été élu roi) lui inspire un projet visionnaire, dédié à la cynégétique. Il imagine, au sommet de la muraille gallo-romaine, une grande chasse en buis taillé comme à Raray et des animaux de vénerie en liberté dans le parc. Quant au musée, il s'étendrait du prieuré Saint-Maurice à la demeure du prieur qui le jouxte. Pour justifier cette affectation prestigieuse, le conservateur invoque la vétusté de La Charité qui a conduit le prince de Monaco à ajourner ses projets de libéralités à l'égard des collections.

Cet ambitieux dessein n'aboutit que partiellement. Le projet d'exposer de grandes toiles de Desportes (dont Georges de Lastic est le spécialiste) et d'Oudry sous la charpente du dortoir du prieuré nécessite une restauration des espaces qui ne se fera que bien plus tard. Seul le logis, avec pour annexe

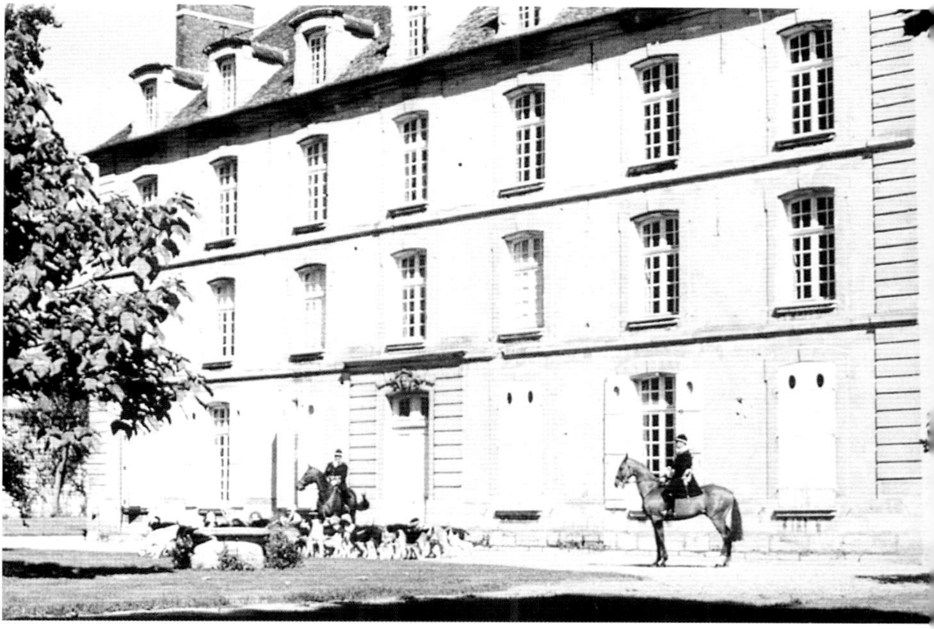

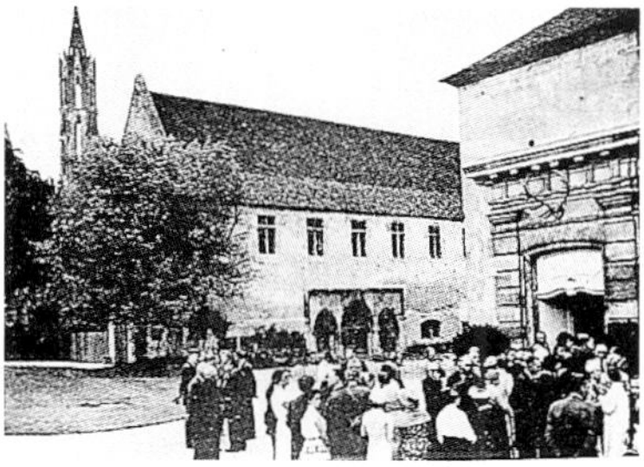

Vue extérieure du musée : le logis du prieuré

Vue extérieure du prieuré Saint-Maurice

la salle capitulaire du prieuré, est attribué au musée. D'importants travaux mobilisent les crédits et son aménagement va durer plus de vingt ans. En 1958, trois salles sont ouvertes, deux au rez-de-chaussée, une à l'étage, mais il faut attendre 1964 pour que le chauffage central soit installé ce qui, dans l'intervalle, provoque des dégâts. Programmée dès l'origine, la deuxième tranche de travaux, qui ouvrent à la visite les deuxième (salle de la louveterie et des forêts) et troisième étages (salles des équipages de la région), n'est inaugurée qu'en 1979 grâce au dynamisme du président de la Société des amis, Georges Hallo, le fils du fondateur.
Au cours de ces années, Georges de Lastic procède à

l'accroissement des collections et à la restauration de certains tableaux (cat. nos 45-46). D'importants dépôts de l'État enrichissent le fonds. En 1955-1956, le musée du Louvre manifeste son soutien au projet de déménagement du musée en attribuant à Senlis plusieurs tableaux (cat. nos 1, 20, 53, 72). La nomination de Françoise Amanieux à la tête des collections du musée d'Art et d'Archéologie, auxquelles se sont adjointes en 1952 celles de la Société d'histoire, met un terme aux échanges d'œuvres pratiqués auparavant. En 1960, *Le Combat des centaures et des Lapithes* de Solimena, qui décorait le bureau du maire, est encore envoyé au musée des Beaux-Arts de Nantes contre *L'Hallali de daim sous les carrières de Chantilly* de Le Paon, mais il est finalement restitué en 1992. En 1967, Georges de Lastic obtient du musée du Louvre le dépôt de deux imposantes compositions de Desportes (cat. n° 21). Elles rejoignent le *Chien à la jatte* d'Oudry (cat. n° 53) qui, placé dans une cheminée prêtée par le musée d'Art et d'Archéologie, retrouve sa vocation de trompe-l'œil. Une véritable mise en scène recrée l'ambiance d'une demeure privée et restitue, en particulier aux tableaux des peintres des chasses royales, leur dimension décorative. La primauté de l'esthétique sur l'érudition suscite chez Georges de Lastic une volonté de mettre en retrait les « œuvres médiocres ou peu représentatives ». C'est ainsi que la salle dédiée à Desportes réunit des œuvres de premier ordre, tant sur le plan pictural que dans le domaine de l'armement (remarquable collection de couteaux du XVIIIe siècle et de poires à poudre anciennes) et du décor de la table. Le principe d'une présentation thématique, qui existe depuis l'origine du musée, impose cependant ailleurs dans le musée la présence d'objets plus modestes ayant valeur de témoignage. La dimension pédagogique, qui caractérisait l'établissement fondateur de Charles Hallo, n'est toutefois plus une priorité. Seuls sont conservés les panneaux décrivant les étapes d'une chasse à courre en guise d'introduction à la visite du musée.

Avec l'expansion urbaine qui fait de la forêt un lieu de déambulation dominicale pour citadins hostiles à toute mise à mort

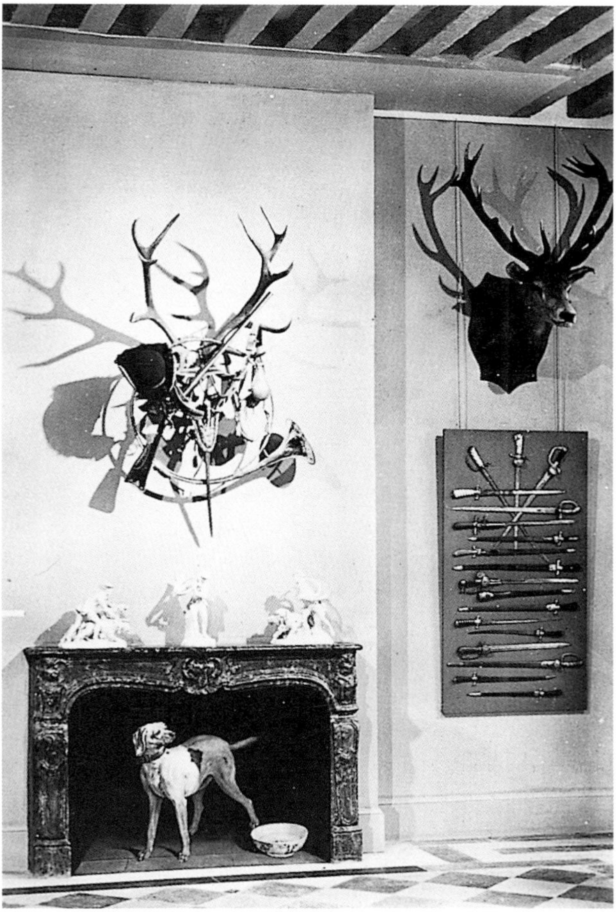

La salle Desportes avec le *Chien à la jatte* d'Oudry

du gibier, la chasse à courre est souvent de nos jours jugée à la fois désuète et provocatrice. Des menaces de disparition pèsent sur les équipages de grand gibier, trop coûteux ou proches des centres urbains. Sans doute notre musée peut-il encore constituer un outil militant pour la survie de la vénerie. Plus que jamais, il est le conservatoire d'une tradition qui a suscité dans le passé des formes artistiques hautement raffinées. Peut-être sera-t-il un jour le symbole d'une nouvelle « avancée » de civilisation, lorsque ne seront plus autorisées que les chasses virtuelles, par images interposées.

B.O.

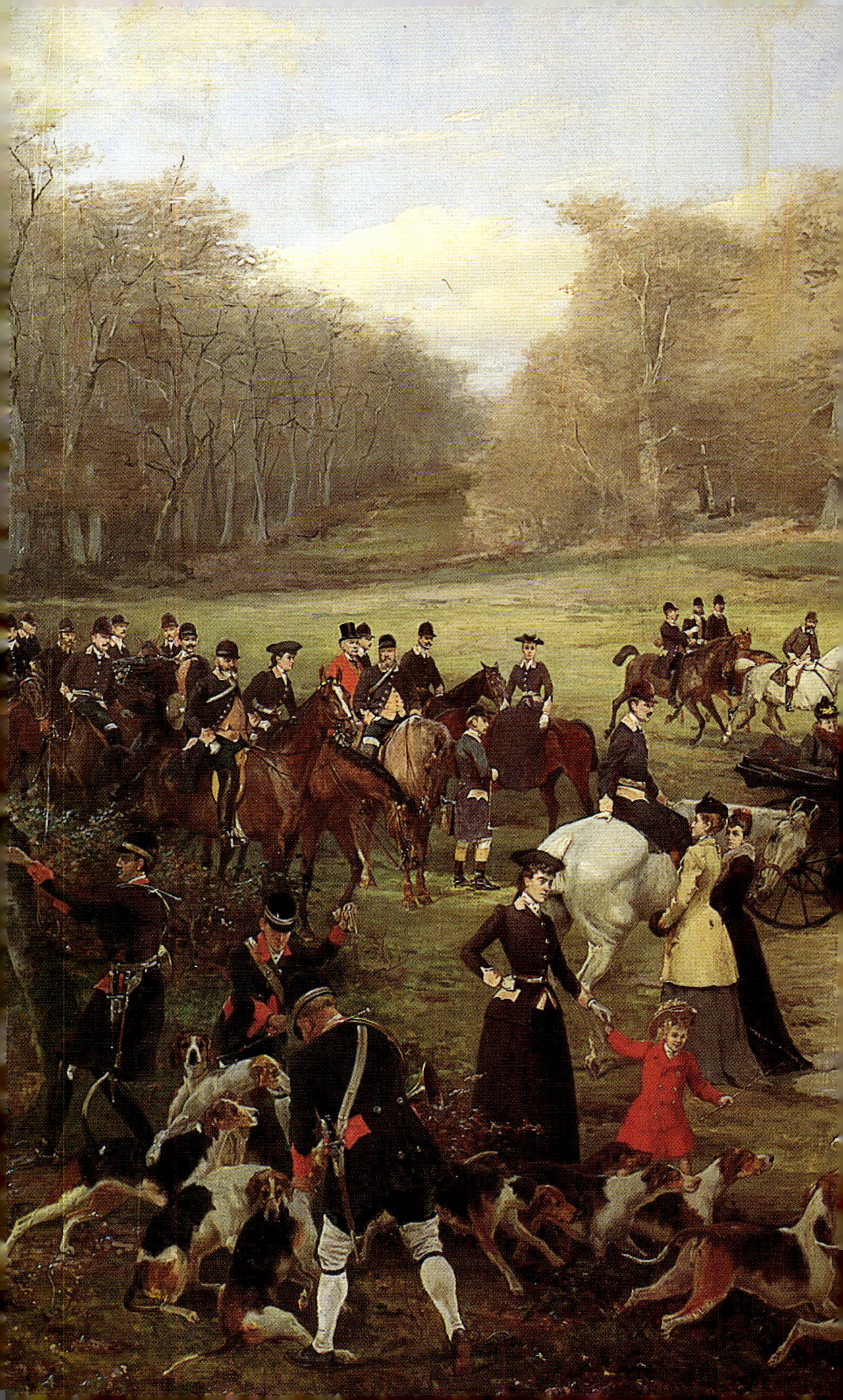

Catalogue des œuvres

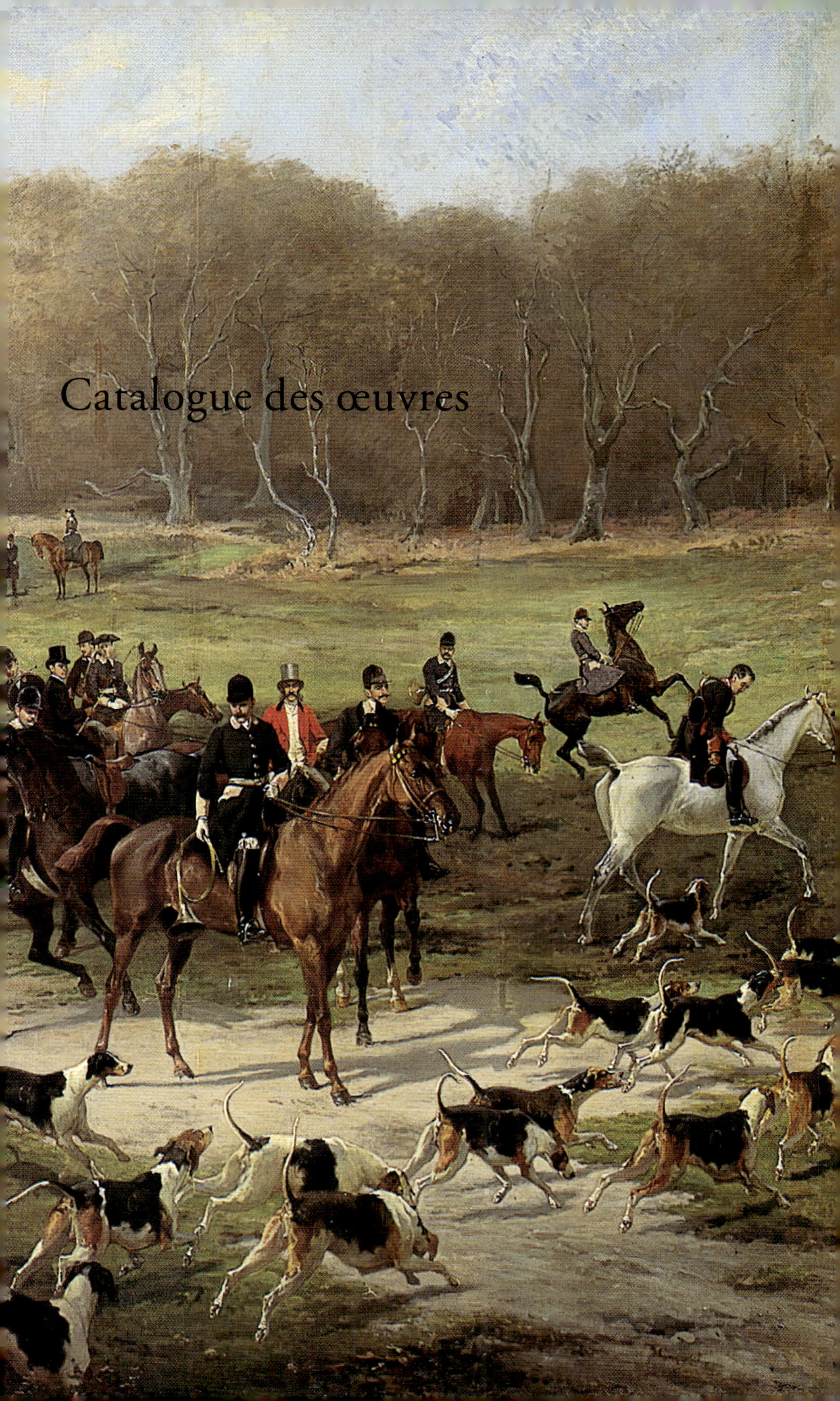

ÉCOLE FRANÇAISE
MILIEU DU XVIe SIÈCLE

1 • *Diane au cerf*
H. B. 0,435 x 0,545
Inv. M. N. R. 17

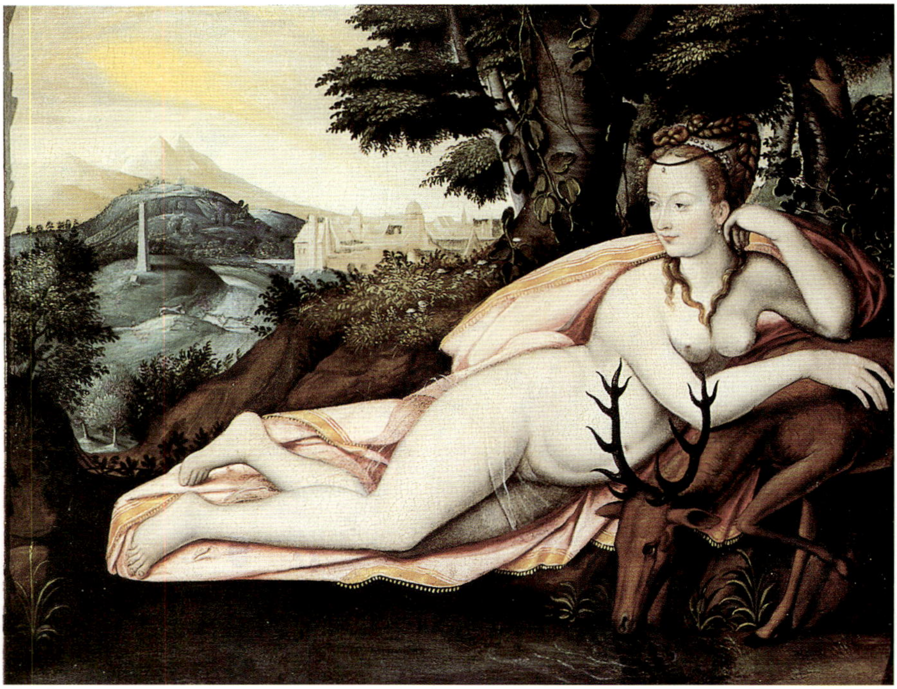

HIST. : acheté 140 000 F, le 10 avril 1941 à Larcade, Paris, par Maria Dietrich pour H. Hoffman ; n° 97 de la collection Hoffman ; enregistré au Central Collecting Point de Munich sous le n° 27876 ; attribué au musée du Louvre par l'Office des Biens et Intérêts privés en 1950 (cet historique établi par Claude Lesné est extrait du catalogue des M. N. R., à paraître, R. M. N., 2001) ; dépôt, arrêté du 28-02-1956

BIBL. : Dimier, 1913-1914, p. 90 ; Béguin, 1956, n° 2, p. 82-84, repr. p. 82 ; Bardon, 1963, p. 98 ; Foucart-Walter, 1986, p. 361 ; Scallierez, 1994, p. 4 ; Cloulas, 1997, p. 331, repr.

EXP. : Paris, 1972, n° 237, p. 210 repr.

Plusieurs générations d'historiens d'art se sont intéressées à ce tableau qui serait l'une des copies d'un original perdu dont seul subsisterait le fragment de la collection Spencer (Althorp, Grande-Bretagne). Dimier, à qui l'on doit ce rapprochement, le considérait comme un portrait idéalisé de Diane de Poitiers. Béguin, qui suggérait une exécution flamande inspirée d'un modèle bellifontain, n'exclut pas que la toile

d'origine ait décoré Anet, la résidence de la maîtresse d'Henri II. Scallierez étoffa encore le corpus des versions picturales de la Diane allongée dans un paysage.
Le passage des *Métamorphoses* d'Ovide relatant le destin tragique d'Actéon qui, pour avoir surpris Diane au bain, fut transformé en cerf et dévoré par sa meute, suscita de nombreuses représentations allégoriques sous la Renaissance. Quelle interprétation donner à cette Diane qui caresse sa proie ? Pour Bardon, elle incarne la chasteté sauve, la vertu récompensée par l'amour : « Diane se fait Vénus, et reste Diane. Cette désinvolture à l'égard du mythe, loin de le détruire, le recrée[1]. » Aux yeux des chasseurs, elle incarne la parfaite concorde qui doit régner entre l'homme et la nature. Les excès du chasseur, qu'interdit le code d'honneur de la vénerie, conduisent en effet à sa perte.

B. O.

1. Bardon, 1963, p. 63.

ÉCOLE ALLEMANDE
MILIEU XVIIIe SIÈCLE

2 • *Hallalis de cerf*
H. T. 0,534 x 0,695
Inv. B 45

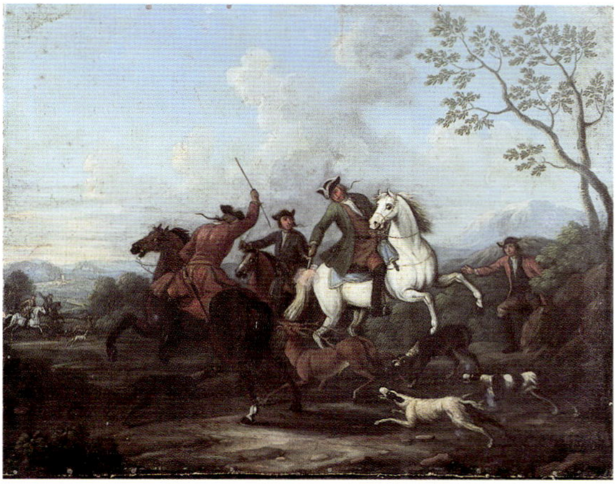

HIST. : acquis 800 F chez Serge avenue Duquesne, Paris, 1938

Ce tableau doit probablement être mis en rapport avec le domaine de la gravure dont il partage la dimension illustrative. Sa facture et son mauvais état de conservation ne permettent pas de le sortir de l'anonymat.

B. O.

ÉCOLE ALLEMANDE (?)
MILIEU XVIIIe SIÈCLE

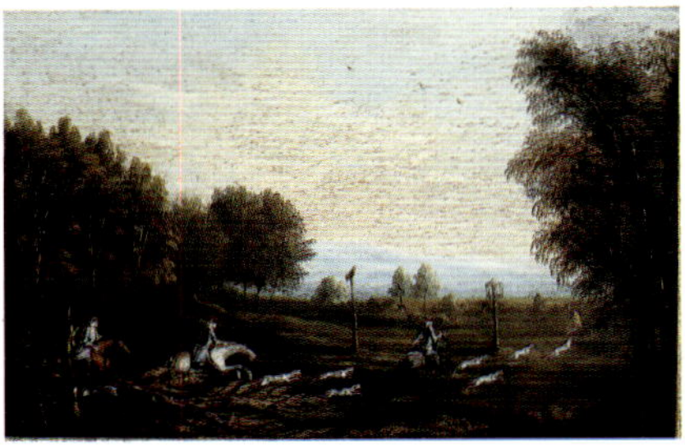

3a • *L'Attaque*
H. B. 0,275 x 0,418
Inv. B 40

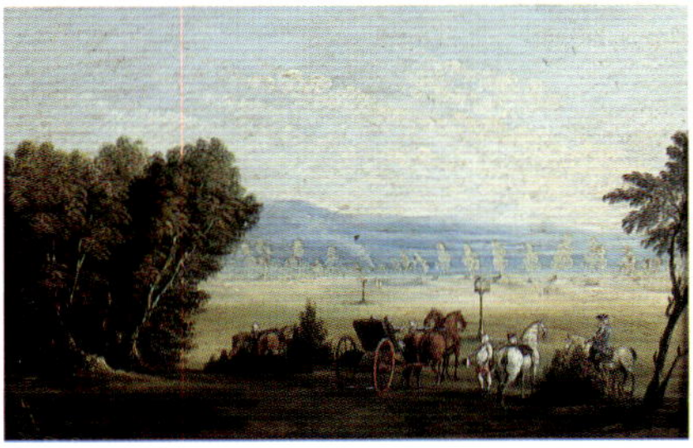

3b • *Le Défaut*
H. B. 0,275 x 0,416
Inv. B 41

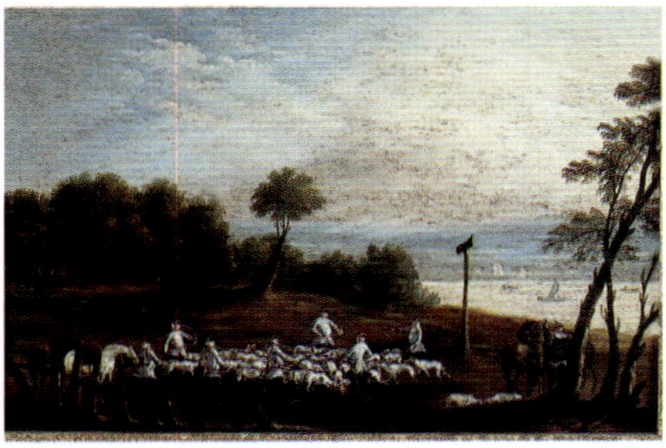

3c • *La Curée*
H. B. 0,275 x 0,415
Inv. B 42

HIST. : vente du 22 avril 1921 ; acquis 400 F chez un marchand parisien, 1938

Hallo identifie dans ces trois tableaux l'équipage de la Gendarmerie de Lunéville qui eut une existence éphémère, de 1785 à 1788. Il se fonde sans doute sur un passage des *Gentilshommes chasseurs*, où le marquis de Foudras relate les propos de son père qui en faisait partie : « Nous avions tous quitté notre bel uniforme rouge, pour prendre le costume de chasse adopté pour nous : habit de drap bleu clair [...] et chapeau français : nous avions particulièrement tenu à ces détails du costume, pour protester autant qu'il était en nous contre les modes anglaises qui commençaient à s'introduire[2]... »
Georges de Lastic préfère y voir des chasses de Maximilien III, électeur de Bavière, dont la tenue de vénerie était bleue. La facture de ces œuvres, qu'il attribue à un peintre de la Cour, comme certains détails sont effectivement inhabituels pour notre territoire. Dans *L'Attaque* et *Le Défaut* figure une étrange cage sur pied dont l'usage n'a

pu être identifié. Quant à *La Curée*, l'étendue d'eau sur laquelle navigue un bateau à voiles constitue un autre objet de curiosité qui nous éloigne des forêts françaises.

B. O.

2. *Cf.* Siclon, 1998, p. 65-66.

ÉCOLE ALLEMANDE
DÉBUT XIXe SIÈCLE

4 • *Duc de Bavière, grand maître de l'ordre de Saint-Hubert*

H. T. 0,645 x 0,540
Inv. V – 2000 - 3 – 1

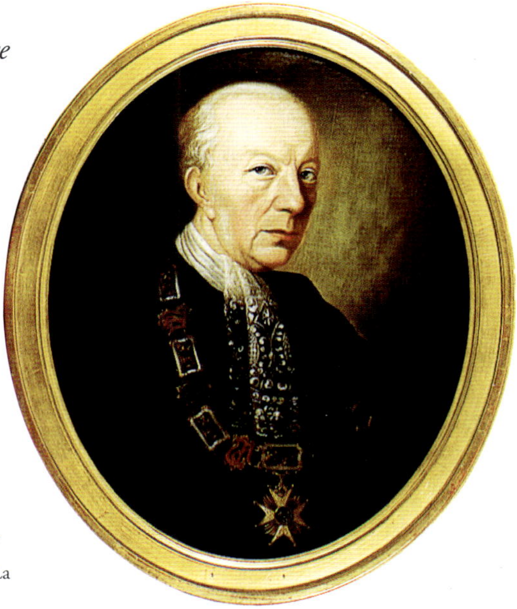

HIST. : acquis à l'Hôtel Drouot, Paris, 1957

BIBL. : Bouëssée, Dormeuil, Tremblot de La Croix, 1975, repr. p. 302

La date approximative de ce portrait et l'âge mûr de son modèle suggèrent qu'il pourrait représenter Maximilien-Joseph (1756-1825), duc puis roi de Bavière à partir de 1805.
En 1799, le futur Maximilien Ier devient grand maître de l'ordre de Saint-Hubert de Bavière qui accueille en son sein des dignitaires français. Le tableau pourrait d'ailleurs avoir été conservé par un chevalier français du Saint-Hubert bavarois, ce qui justifierait qu'il soit resté en France.
Cet ordre, déclaré le premier du royaume en 1808, a été créé par le duc de Juliers-Berg pour commémorer la victoire de Ravensberg, le 3 novembre 1444, jour de la Saint-Hubert.
Pour y être admis, il faut faire preuve de quatre quartiers de noblesse. Conformément aux statuts de 1708, le duc de Bavière revêt sur notre portrait un costume noir à l'espagnole avec garnitures de dentelles. Au cou, il arbore une chaîne d'or composée de quarante-deux plaques qui montrent le saint chasseur en adoration devant le cerf crucifère et accompagné d'un serviteur tenant un cheval par la bride. Entre chaque

plaque, le collier se prolonge par une flamme d'or avec le monogramme vert et rouge, à l'instar du ruban officiel de l'ordre : « Ponceau moiré liseré de vert ». À la chaîne est suspendue une croix à quatre branches émaillées de blanc et mouchetées d'or, qui porte au centre la « vision » de saint Hubert sur fond vert. Sur le bras gauche du personnage, une plaque de manteau en forme d'étoile porte sur fond de gueules, en lettres gothiques entourées de diamants, la devise « *In trau vast* » (inébranlable dans la fidélité). Au musée en Picongrue de Bastogne (Belgique), la reproduction d'une telle plaque figure sur le portrait de dom Nicolas Spirlet, dernier abbé (1760-1794) de l'abbaye de Saint-Hubert dans les Ardennes et aumônier de l'ordre de Saint-Hubert en Bavière.
Il convient de ne pas confondre l'ordre de Saint-Hubert de Bavière avec l'ordre de Saint-Hubert de Lorraine et du Barrois[3], fondé en 1416, aggloméré aux ordres français de chevalerie par Louis XV (1766) et interdit par Louis XVIII en 1824.

P. de V.

3. Villepin (de), 1999.

CARL-GEORG ARSÉNIUS
UPSALA, SUÈDE, 1855 – VINEUIL, OISE, 1928

5 • *L'Équipage du Pau Hunt Drags*
H. T. 0,62 x 0,30
Inv. B 37

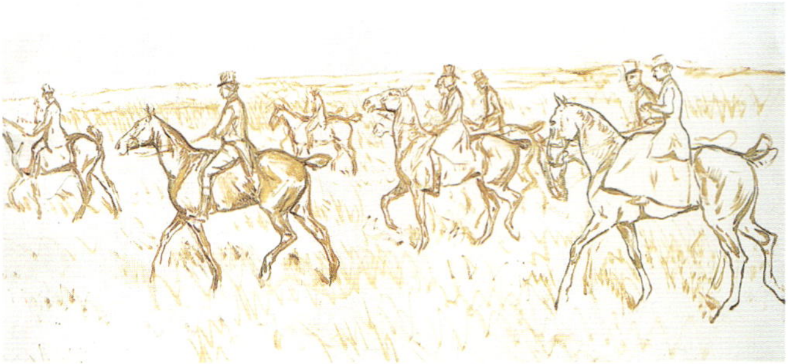

HIST. : don Mme Arsénius, 1937

Fils d'un colonel de la garde du roi de Suède, Arsénius[4] est, comme son père, à la fois cavalier et peintre animalier. Après des études aux Beaux-Arts de Stockholm, il rejoint l'atelier de Laurens à Paris avant de s'établir en 1886 à Vineuil, près de Chantilly. Ses contacts avec le monde équestre s'en trouvent facilités. Il fréquente le champ de courses et les équipages de chasse à courre des ducs d'Aumale, de Joinville, de Chartres, de Gramont qui lui inspirent dessins[5] et tableaux. Ses liens avec la Suède perdurent cependant et en 1895, il réalise le portrait équestre du roi Oscar II. Sa carrière,

également orientée vers la presse sportive, aurait été interrompue par une grave maladie dans la seconde moitié des années 1890.
On ignore les circonstances qui ont conduit Arsénius à représenter le Pau Hunt Drags, unique équipage de chasse au renard fondé en 1839 dans le Béarn par des officiers britanniques. Une photographie de 1893, léguée par Mme Arsénius en 1937, montre l'artiste à cheval parmi les cavaliers du Pau Hunt. Le musée conserve également un dessin figurant le baron Lejeune qui en fut le premier « master » français entre 1893 et 1896[6]. Avec l'esquisse peinte qui réunit en silhouettes les protagonistes de la chasse, ces documents étaient probablement destinés à une composition plus aboutie.

B. O.

4. Clarence Von Rosen, écuyer de la cour du roi de Suède, Biographie de Monsieur Georg Arsénius (document manuscrit, musée de la Vénerie).
5. Plusieurs d'entre eux, offerts par sa veuve en 1937, sont conservés au musée.
6. Vaufreland (de), 1932-1933, n° 6, p. 29 ; Claverie, 1976, p. 38-40.

ROBERT OU ANDRÉ (?) BAUDRIER
XXe SIÈCLE

6 • *Veneurs de l'équipage Par Monts et Vallons*

H. T. 0,336 x 0,412
Inv. B 57

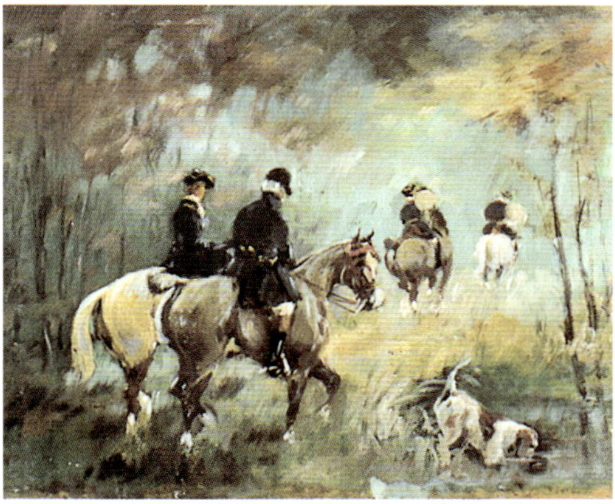

HIST. : don M. Baudrier, 1945

Ce tableau représente des veneurs en tenue bleue de l'équipage Par Monts et Vallons, le plus proche de Senlis et de son musée, puisqu'il découplait en forêt d'Halatte.
Son auteur est sans doute l'un des membres de l'équipage[7]. André Baudrier et son épouse y sont répertoriés en 1902-1903. Ce couple possédait à Aumont-en-Halatte une propriété qui fut vendue après la Seconde Guerre. Dans les années 1910-1914, Robert Baudrier en fit aussi partie. Ce dernier habita Bois-Feuillatte, près du Montcel jusqu'à la Seconde Guerre, puis Fleurines. Alors que Robert se piquait de littérature[8], aucun souvenir ne s'attache ni pour lui, ni pour André, à une quelconque activité de peintre.
C'est pourtant un amateur proche de l'équipage qui a peint ce tableau et par sa date de réalisation, plus probablement Robert qu'André.

Des laisser-courre de l'équipage Par Monts et Vallons ont été peints par différents artistes, notamment Pinchon et Reille, tandis que Kulp a dressé sous forme de caricature l'effigie de plusieurs de ses membres.

B. O.

7. Kulp, 1935, s. p.

8. Communication écrite de M. Vincent Labouret.

GUY BAZIN DE JESSEY
TOURS, 1900 – PARIS, 1984

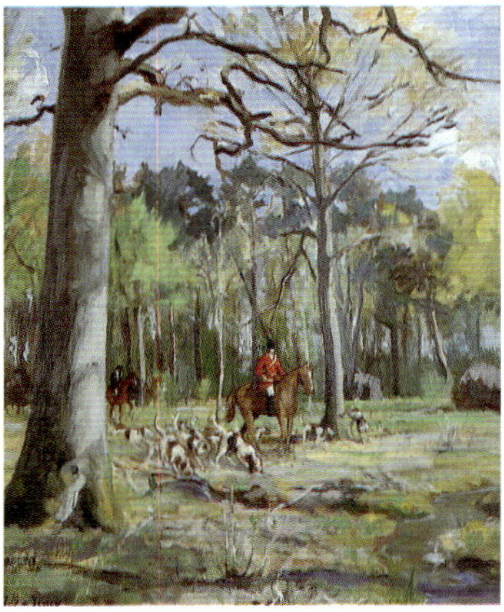

7 • *Avant l'attaque*

H. sur carton. 0,67 x 0,58
S. b. g. : *G B. de Jessey*
Inv. B 53

HIST. : don de l'artiste, 1941

Bazin de Jessey est issu d'une famille parisienne, dont certains représentants s'installèrent en Touraine au début du siècle. Bien qu'évoluant peu dans le monde de la vénerie, il se fixa pourtant en Val de Loire à la suite de son mariage vers 1925 avec Mlle Lecocq-Vallon, dont les ancêtres tenaient la première place à Chantilly où l'on chassait à courre ; installés plus tard en Sologne ou Loir-et-Cher, ces derniers rentrèrent d'ailleurs à l'équipage de Cheverny. Sans doute est-ce pour cela que ce tableau représente un paysage assez solognot : un veneur en tenue rouge, au départ de la chasse, se rend à l'attaque entouré de ses chiens. La couleur de cette tenue semble fantaisiste, tant le choix des couleurs importait plus chez cet artiste pour le coup d'œil que pour la fidélité au sujet. Bazin de Jessey excellait dans les paysages. Élève à l'École des beaux-arts de Paris, il devint membre ou administrateur de divers Salons à partir de 1926 : les Indépendants, la Société hippique, l'école française, l'Entraide des artistes, Salon Violet, Salon d'hiver, et reçut des prix académiques à Paris et en province. Dans son atelier parisien, il réalisa de nombreux portraits ou scènes de groupes souvent acquis par des étrangers. Il fut admis comme chevalier dans l'ordre des Palmes académiques en 1955.

H. T. C.

HUGUES DE BEAUMONT

CHOUZY, LOIR-ET-CHER, 1874 – ROUZIERS, INDRE-ET-LOIRE, 1947

8 · *Joseph-Porphyre Pinchon*

H. T. 1,224 x 1,035
S. b. d. : *Hugues de Beaumont*
Inv. V – 2000 - 6 – 1

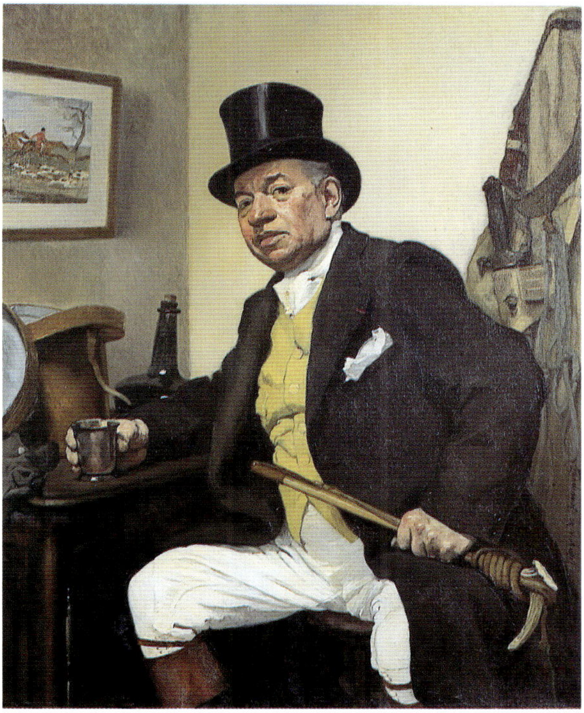

HIST. : legs Joseph-Porphyre Pinchon, 1953

EXP. : Paris, Salon de la Société nationale des Beaux-Arts, 1932, n° 1066 repr.

Originaire de Noyon, membre de l'équipage Par Monts et Vallons qui découplait en forêt d'Halatte, le peintre et illustrateur Pinchon fut passionné de vénerie. Membre du comité d'organisation du musée, il en fut l'un des principaux donateurs, léguant en 1953 ses dagues, des plaques de garde forestier, des objets en verre soufflé, un ensemble des trois cents boutons d'équipages, deux de ses tableaux, ainsi que ce portrait. Vêtu d'une tenue d'invité composée de la redingote sans bouton de vénerie, de la culotte claire et du chapeau haut de forme, Pinchon est accompagné des attributs du veneur : le fouet et, suspendue dans son baudrier, la dague. Au mur, deux œuvres cynégétiques rappellent les activités picturales du modèle tandis que son regard pétillant et un léger sourire évoquent les traits d'humour de celui qui fut père de Bécassine. Solidement campé, comme l'est M. Bertin dans le tableau d'Ingres, le revers de sa veste agrémenté de la Légion d'honneur dont il fut promu chevalier en 1921, il pose en personnage officiel pour Hugues de Beaumont, comme lui sociétaire de la Société nationale des Beaux-Arts, qui s'était fait du portrait de ses confrères, une spécialité. Le musée de Tours conserve une autre de ses effigies de chasseur, celle du marquis de Beaumont[9].

B. O.

9. Moreau, 1999, n° 9, p. 32.

NICASIUS BERNAERTS
ANVERS, 1620 – PARIS, 1678

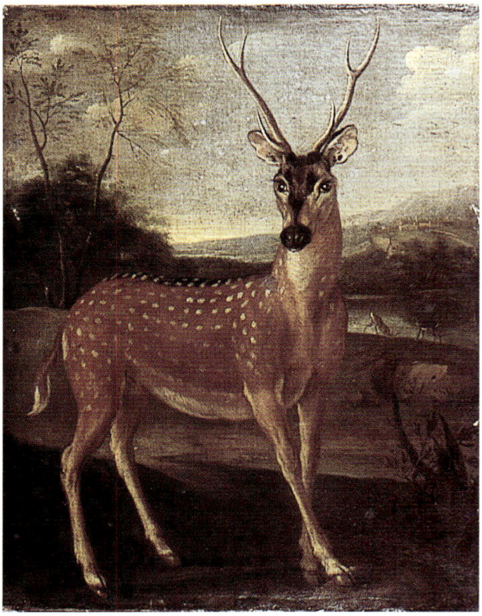

9 • *Cerf du Gange*

H. T. 0,929 x 0,740
H. g. *: N. 323.* ; au dos une étiquette : *tableau de la ménagerie par Nicasius 324*
Inv. 1619

HIST. : dépôt, maison de la Légion d'honneur, Saint-Denis, 1868 ; serait rentré le 3 février 1870 au musée du Louvre (annotation au crayon sur l'inventaire Villot du Louvre) ; dépôt, 1937

BIBL. : Brejon, Foucart, Reynaud, 1979, p. 181

Cette peinture, traditionnellement considérée comme un daim, est l'un des nombreux portraits d'animaux que Nicasius a peint dans le dernier tiers du XVIIe siècle. Peintre animalier originaire d'Anvers, Nicasius vint travailler à la Cour dans l'équipe des peintres dirigée par Charles Le Brun. Ce peintre flamand avait été chargé de peindre les divers animaux qui étaient enfermés dans les enclos de la ménagerie de Versailles ; ces portraits animaliers et autres frises étaient destinés à orner le petit château de la ménagerie situé dans le parc du château de Versailles.

Ce tableau peut correspondre au *Cerf moucheté sur un fond de paysage* de 2 pieds 9 pouces de haut sur 2 pieds 2 pouces de large, mentionné dans l'Inventaire des tableaux du Roy en 1709-1710[10] et pourrait être également le *Cerf des Indes* noté dans l'Inventaire général du mobilier de la Couronne sous Louis XIV[11] qui signale plus d'une cinquantaine d'œuvres de Nicasius. En fait, il s'agit d'un cerf du Gange qui faisait partie de la ménagerie royale et que Nicasius a peint vraisemblablement d'après nature. En 1729, Jean-Baptiste Oudry fit à nouveau un portrait de ce même animal accompagné de sa biche et de son faon (Paris, Muséum national d'histoire naturelle). Placé en 1756 au château de Choisy, Dezallier d'Argenville décrit cette œuvre d'Oudry comme un « daim étranger, moucheté de blanc, peint, dit-on, d'après nature à la ménagerie de Versailles[12] ». Oudry reprit le même parti, celui d'un animal vu de face, empreint d'une certaine rigidité et placé sur un fond de paysage.

P. J.

10. Bailly, 1899, p. 437, n° 45.
11. Guiffrey, 1886, t. II, p. 15, n° 323.
12. Dezallier d'Argenville, 1762, p. 305.

JACQUES-ÉMILE BLANCHE
PARIS, 1861 – OFFRANVILLE, 1942

10 • *Rendez-vous de chasse en Angleterre*

H. T. 0,380 x 0,558
S. b. d. : *J.E. Blanche*
Inv. B 7

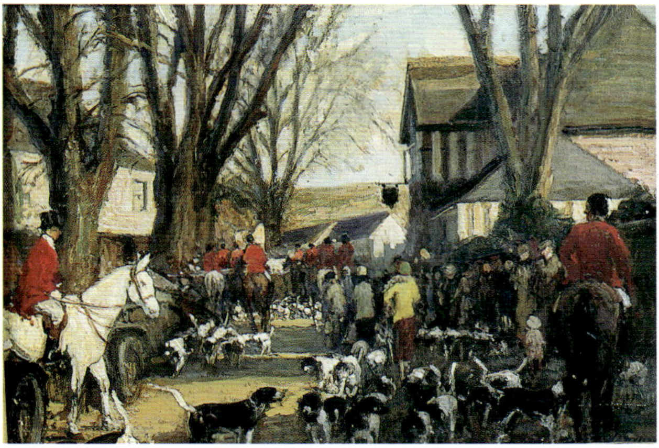

HIST. : don de l'artiste, 1935

BIBL. : Roberts (à paraître)

Ce tableau peu connu est une des raretés du musée de la Vénerie et de l'œuvre de Jacques-Émile Blanche. En effet, Jane Roberts, qui en est la spécialiste, ne connaît pas d'autre composition de l'artiste sur ce sujet, excepté le *Portrait du prince de Caraman-Chimay* en veneur (étude, 1914, Rouen, musée des Beaux-Arts), d'un rapport lointain avec notre tableau. Partageant sa vie entre la France et l'Angleterre, Blanche évoluait dans les cercles mondains et aristocratiques des deux pays où la vénerie tenait une place importante. Les mentions cynégétiques[13] sont pourtant rares dans ses écrits et absentes du récit de ses séjours dans les châteaux de la campagne anglaise. Blanche était avant tout portraitiste, même si on lui doit quelques compositions à thèmes sportifs (régates,

matchs de rugby, scènes de plage, courses de chevaux), auxquelles se rattache notre tableau. Il n'est pas exclu qu'il l'ait peint spécialement pour Hallo, élève de son ami Cottet à l'académie de La Palette où lui-même enseigna au début des années 1900.
Ce tableau, dont la lumière est donnée par des vibrations bleutées, traduit bien les mœurs de la vénerie anglaise, moins solennelle que la nôtre, avec des cavaliers en tenue rouge au rendez-vous dans un village.

B. O.

13. L'une d'elles, *in* Blanche, 1949, concerne l'équipage des Greffulhe à Boisboudran.

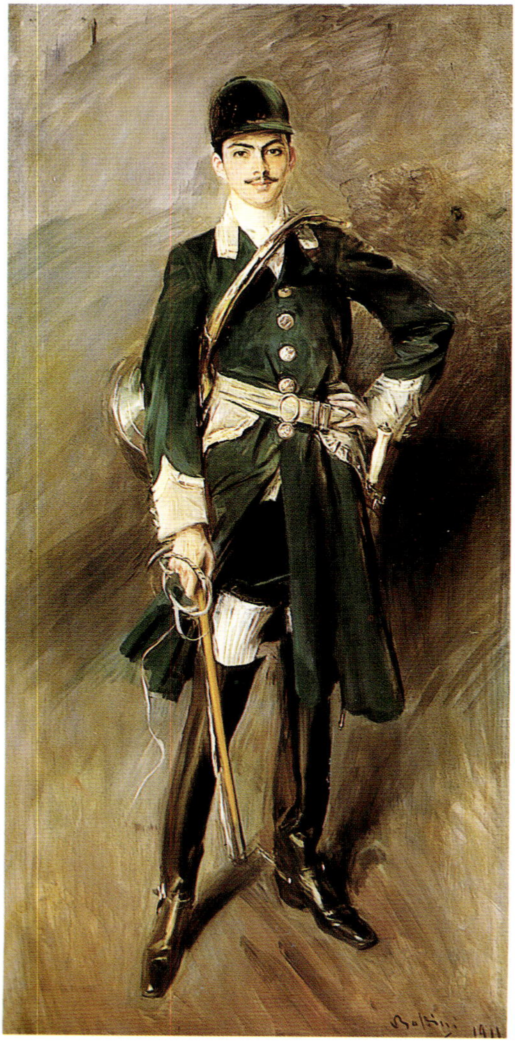

GIOVANNI BOLDINI
FERRARE, 1842 – PARIS, 1931

11 • *Olympe Hériot en maître d'équipage*
H. T. 2,15 x 1,11
S. d. b. d. : *Boldini / 1911*
Inv. V – 2000 - 7 – 1

HIST. : don Mme Olympe Hériot, 1978

BIBL. : Tremblot de La Croix, Tollu, 1990, t. II, p. 312 repr. ; Leduc, 1994, t. II, p. 482 ; Doria, à paraître

EXP. : Berlin, 1937, n° 203

Boldini fut le portraitiste attitré du Tout-Paris de la Belle Époque. Olympe Hériot (1887-1953), son modèle dans ce tableau, est un homme du monde, neveu de l'un des fondateurs des Magasins du Louvre, Ch.-A. Hériot[14]. Sans doute pratiquait-il la vénerie comme un loisir sportif et mondain, peut-être était-ce une passion. C'est en tout cas dans sa position récemment acquise de maître d'équipage, en tenue verte à parements blancs, qu'il se fait portraiturer. En 1908-1909, il s'est en effet rendu acquéreur à Pont-de-l'Arche du Piqu'avant Vexin de Robert Delanos qu'il conservera sous son nom jusqu'en 1938. Étranger au monde de la peinture animalière, Boldini n'accompagne son personnage ni des chiens ni du cheval qu'affectionnent ses confrères dont c'est la spécialité. Il le dispense de tout cadre paysager, lui préférant un fond neutre animé par la touche souple et mouvementée qui caractérise son style, comme celui de l'art des années 1900. Saisi avec un léger effet de contre-plongée, le fouet à la main, Olympe Hériot adopte une pose altière que conforte le luxe de ses attributs vestimentaires. On imagine sans peine la présence saisissante de ce portrait, accroché à faible hauteur, dans la grande salle de la propriété Hériot (*cf.* repr. p. 8) où il était environné d'une profusion de massacres[15] emblématiques du pouvoir ancestral de l'homme sur les animaux sauvages.

B. O.

14. *Cf.* Roger.
15. Légués au musée par O. Hériot par testament en date du 30 juin 1951.

BERNARD BOUTET DE MONVEL
PARIS, 1881 – AÇORES, 1949

12 • *Madame Serge André*
H. T. 0,80 x 0,95
Inv. V – 2000 - 8 – 1

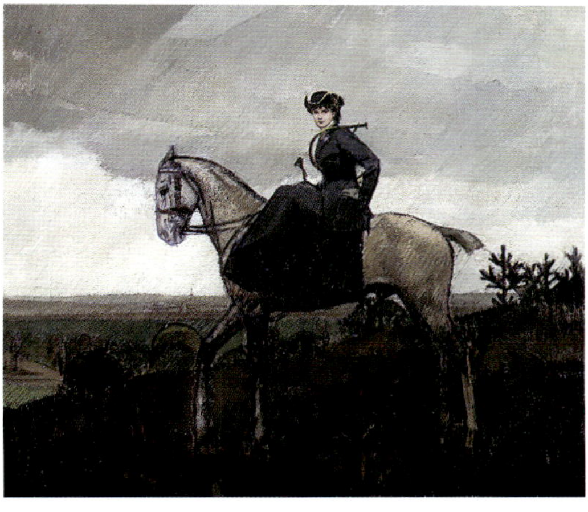

HIST. : don Gérard André, fils du modèle et ambassadeur, 1992

BIBL. : Addade, 2001, p. 297, repr. p. 296

EXP. : New York, 1926, n° 13

Lié depuis toujours avec les trois fils de l'industriel Alexandre André, dont la fortune tirée du commerce des huiles minérales de graissage, avait déjà valu à son père plusieurs commandes de portraits, Boutet de Monvel avait débuté à la Société

nationale des Beaux-Arts sa brillante carrière de portraitiste de *sportmen* et de dandys en y présentant dès 1903 les effigies en pied de Jacques et Robert, l'aîné et le cadet. Serge, le benjamin, le pria de brosser celui de sa femme, née Dominique Legendre, en 1912. Comme chaque fois qu'il livrait une commande, Boutet de Monvel en conserva une réplique aux dimensions plus réduites qui est le tableau présenté ici.
D'une pâte ferme et sombre, d'une facture synthétique propre à ne mettre en valeur que la ligne essentielle, ce portrait équestre, dont on peut rapprocher la série de ceux peints l'année suivante, du comte Pierre de Quinsonas, présente Mme André dans une campagne nue, en amazone coiffée d'un lampion, sa trompe de chasse en écharpe, dans la tenue de l'équipage Par Monts et Vallons dont elle avait le bouton, et qui découplait en Halatte.
Excentrique s'il en fut, Mme Serge André[16], qui se piquait de littérature, resta célèbre moins pour les pièces de théâtre et le recueil de maximes qu'elle publia sous le pseudonyme de Cassandre, que pour avoir été, disait-on, la seule femme de France à pouvoir sonner de la trompe à cheval.
Boutet de Monvel, dont l'œuvre compte deux autres représentations de veneurs en tenue – M. Hubert Menier et M. le duc de Brissac – avait exposé ce tableau aux Anderson Galleries de New York en 1926, pour la rétrospective qui devait le consacrer auprès de la *café-society* américaine comme son portraitiste attitré.

S. J. A.

16. Éléments de biographie communiqués par M. Vincent Labouret.

H. BRUNELLI (?)
XIXe SIÈCLE

13 • *Rendez-vous de l'équipage du prince de Wagram en forêt de Fontainebleau*

H. T. 0,502 x 0,870
S. b. d. : *H. Brunelli* (?)
Inv. B 55

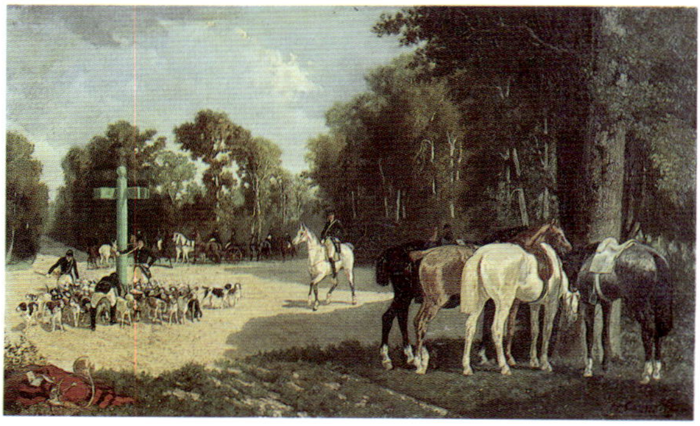

HIST. : don comte Vigier, 1943
EXP. : Paris, 1943

La signature de ce tableau, difficilement identifiable (Brunelli, Bruhelli, Bruchelli ?), ne permet pas de le rattacher à quelque artiste répertorié. Sa facture le situe dans la postérité de l'école de Barbizon, et peut être datée de la seconde moitié du XIXe siècle. Certains détails, comme les éléments de nature morte occupant l'avant-plan gauche, dénotent un auteur scolaire bien qu'agréable. La scène évoque, selon les conventions d'un genre bien établi à l'époque, les préludes d'un rendez-vous.
La marque des chiens, « W », permet de reconnaître dans cette réunion l'équipage des Princes de Wagram dont la tenue se composait d'un habit et d'une cape de couleur verte, parements rouges et culotte blanche, les hommes portant le bicorne. Créé à Grosbois sous l'Empire par le maréchal Berthier, prince de Wagram, il fut reconstitué sous Napoléon III par son fils. Les chasses avaient lieu dans les forêts de Villefermoy, de Sénart et de Fontainebleau où l'on situe ce *Rendez-vous*.

B. O.

GEORGES BUSSON
PARIS, 1859 – VERSAILLES, 1933

14 • *Hallali de sanglier*
H. T. 3,20 x 3,60
Inv. V – 2000 - 9 – 1

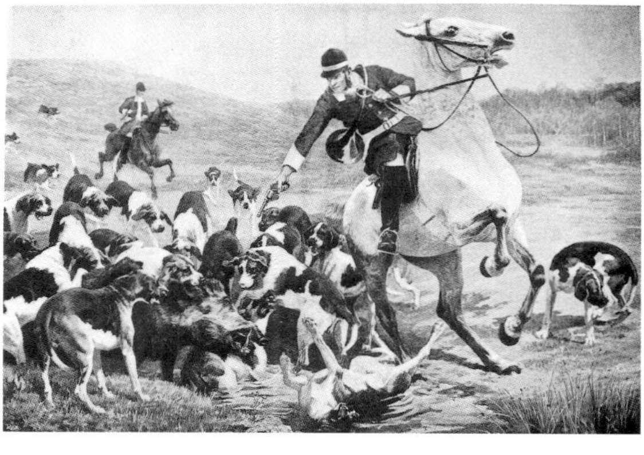

HIST. : don des enfants de l'artiste, 1936 (roulée depuis cette date)

BIBL. : *Fermes et châteaux*, 1-02-1914, n° 102, repr. p. 43

EXP. : Paris, 1900, n° 337, repr. p. 27 (médaille d'argent)

Fils de peintre animalier, Busson est un spécialiste des tableaux de vénerie si l'on en juge par ses envois au Salon des artistes français entre 1884 et 1925. Comme Gélibert et dans une moindre mesure Tavernier, il explore dans ce domaine une veine dont la violence et l'académisme heurtent notre regard contemporain. Plusieurs d'entre eux, comme celui de Senlis, sont des scènes d'hallali issues de la tradition flamande et de Desportes, où l'animal assailli par la meute est près d'être servi. Emblématique de la force aveugle, le sanglier est à cet égard l'un de ses modèles de prédilection. La dimension mondaine de la chasse à courre qui consiste à représenter les éléments distinctifs d'un équipage (couleur des tenues, marque des chiens, portraits de veneurs) passe au second plan dans ce type de composition où le « X » porté au pelage des chiens n'est que fantaisie. La mise en scène tragique du monde animal ne se cantonne pas chez Busson aux thèmes cynégétiques. Elle se retrouve aussi dans ses représentations d'attelage où les chevaux sont fréquemment accidentés. Ces œuvres, destinées aux cimaises officielles des Salons, n'excluent pas dans son art une production moins sévère et relativement éclectique (chasses à courre en costume XVIIIe siècle, portraits de veneurs et de jockeys, retours et rendez-vous de chasse), comportant de nombreux dessins.

B. O.

FÉLICIEN CACAN
PARIS, 1880 – PARIS, 1979

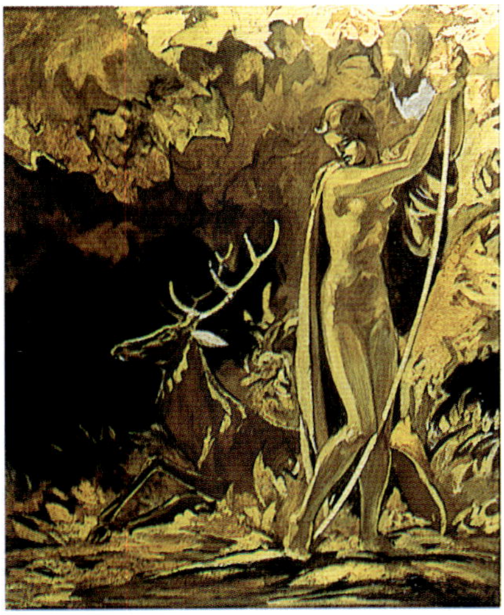

15 • *Diane chasseresse*
H. B. 0,825 x 0,720
Inv. B 8

HIST. : acquis 500 F avec les crédits du legs Marmottan, 1935

Peinte avec différentes nuances d'or, cette *Diane chasseresse* s'inscrit dans l'œuvre de décorateur de Félicien Cacan. Cet artiste réalisa en effet des compositions pour des monuments civils et religieux (cathédrale de Vicq en Catalogne et palais des Nations à Genève, église de Boncourt en Suisse, section des carbonifères au palais de la Découverte, Exposition universelle de 1937)[17]. Il est l'auteur de panneaux décoratifs, emblématiques du style Art déco, qui recourent souvent à des thèmes mythologiques. Notre tableau est probablement un projet pour l'un d'eux.
Félicien Cacan fut, comme Charles Hallo, élève de Charles Cottet. Cette amitié d'atelier explique sans doute l'achat de ce tableau pour le musée de la Vénerie nouvellement inauguré.

B. O.

17. Exposition Paris, 1987.

NORBERT CARRIÈRE
SAINT-PONS, HÉRAULT, 1833 – SENLIS, 1919

16 • *Chasse au loup*
H. T. 0,64 x 0,85
Inv. B 54

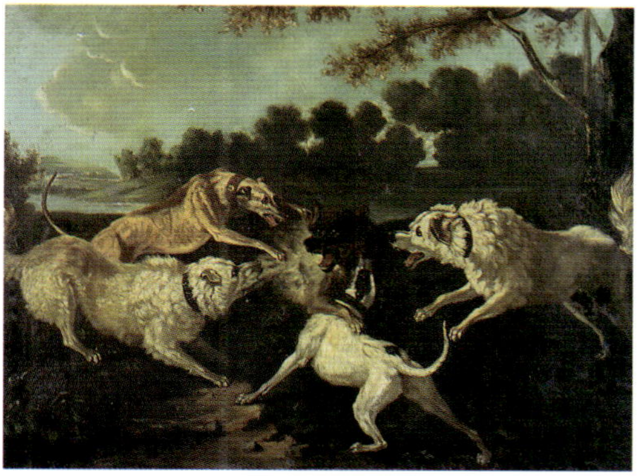

HIST. : don Mme Chalmin-Carrière, 1941

Ce tableau est une copie à taille réduite de la *Chasse au loup* de Jean-Baptiste Oudry (inv. 7019, 2,67 x 3,55, 1746, repr. p. 10), déposé par le musée du Louvre au musée international de la Chasse à Gien. Il est l'œuvre d'un artiste amateur senlisien qui occupait ses loisirs à reproduire des tableaux.

B. O.

GIUSEPPE CESARI, DIT LE CAVALIER D'ARPIN (D'APRÈS)
ARPINO OU ROME, 1568 – ROME, 1640

17 • *Diane et Actéon*
H. T. 0,495 x 0,670
Inv. B 13

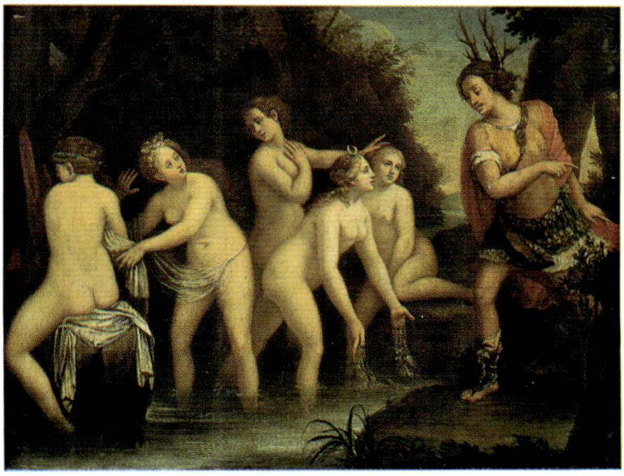

HIST. : don M. Gazeau, avant 1954

Le passage des *Métamorphoses* d'Ovide (III, 138-253) relatant le drame d'Actéon qui, pour avoir surpris Diane et ses nymphes au bain fut dévoré par sa meute après avoir été

transformé en cerf, est l'un des thèmes de prédilection de la peinture depuis la Renaissance. Le tableau du Cavalier d'Arpin, *Diane et Actéon*, dont il existe deux versions autographes, l'une au musée du Louvre (v. 1600-1601), l'autre au musée des Beaux-Arts de Budapest (v. 1603-1606) suscita de nombreuses copies[18]. Malgré un format similaire au tableau parisien, la composition de Senlis présente un cadrage resserré sur les figures aux dépens du paysage.
Le chien n'est plus visible à l'avant-plan. Les nudités féminines ont perdu leur caractère pulpeux, la plus significative d'entre elles s'est voilée d'un repeint de pudeur, la véhémence des expressions a été atténuée. Ces corrections, associées à une facture un peu sèche, suggèrent une datation du XIXe siècle.

B. O.

18. Notamment celles des musées des Beaux-Arts de Nantes et de Valenciennes.

GUSTAVE COURBET (GENRE DE)

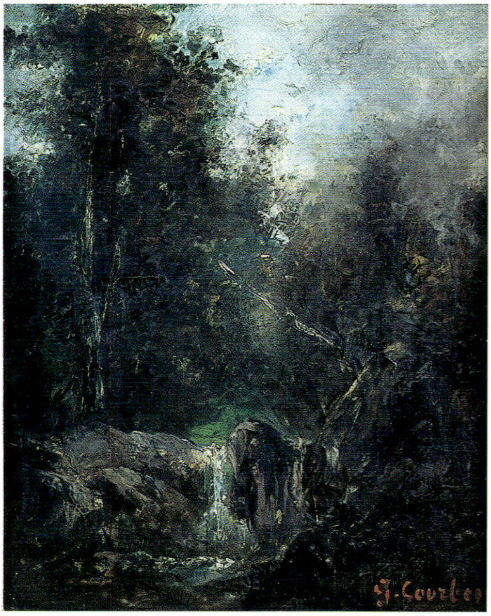

18 • *Paysage avec cascade*
H. T. 0,46 x 0,38
S. b. d. : *G. Courbet* (apocryphe)
Inv. M. N. R. 905

HIST. : acheté 3 500 RM à Rudolf Holzapfel, Paris, par Friedrich Welz, Salzbourg (n° 1012) ; Landesgalerie de Salzbourg (inv. 1012, étiquette au revers) ; attribué au musée du Louvre par l'Office des Biens et Intérêts privés en 1951 (cet historique établi par Anne Roquebert est extrait du catalogue des M. N. R., à paraître, R. M. N., 2001) ; dépôt, 1953

BIBL. : Compin, Roquebert, 1986, p. 230 ; Koller, 2000, p. 140, 216-217, 328, 525, repr. (inv. 309)

EXP. : Salzbourg, 1941, n° 23, repr.

Ce tableau a été déclaré faux par Germain Bazin, conservateur en chef du département des Peintures au musée du Louvre, lors d'une visite au musée de la Vénerie vers 1955. Vergnet-Ruiz, inspecteur général des musées de province suggérait alors qu'il fût échangé contre un *Repas de chasse*, école autrichienne (M. N. R. 791), ce qui n'a jamais été fait.

B. O.

ALFRED DE DREUX
PARIS, 1810 – PARIS, 1860

19 • *Débuché de cerf*

H. T. 0,462 x 0,735
Inv. B 44

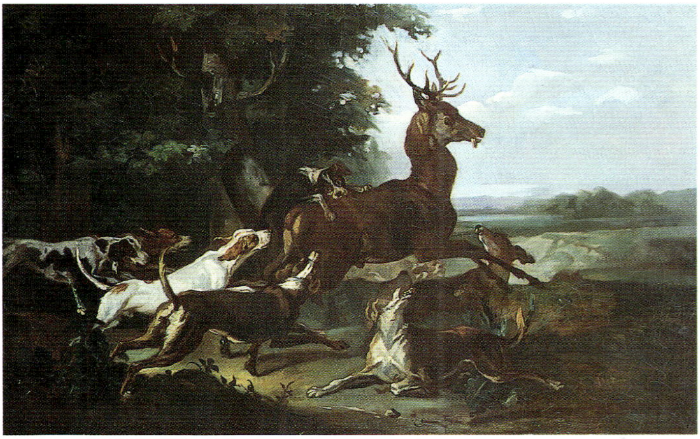

HIST. : acquis 1 033 F par M. Breton, artiste peintre, 1937-1938

Artiste de la génération romantique, peintre du cheval et de la chasse, Alfred De Dreux aurait réalisé une copie (3,54 x 2,72) du *Débuché de cerf* de Desportes (cat. n° 21a) pour le palacio de las Vistillas appartenant au duc d'Osuna, près de Madrid. Elle se trouverait actuellement au musée des Arts décoratifs de Buenos Aires[19].
L'origine de ce tableau, qui résulte sans doute d'une commande, nécessiterait des recherches approfondies aux Archives nationales espagnoles à Madrid. Les papiers de la famille Osuna, dont les collections ont été dispersées à la fin du XIXe siècle, y sont conservés.
Notre composition serait l'esquisse préparatoire de cette copie. Ses proportions sont plus larges que l'original : le paysage est agrandi sur la droite et, à gauche, l'arrière-train du chien, coupé à mi-corps dans la toile de Desportes, a été grossièrement ajouté. Sa facture dénote les qualités de coloriste de son auteur, qui introduit de belles notes de couleurs pures, notamment sur le fouet du chien en bas à droite. En revanche, l'expression des assaillants est moins véhémente.
Les publications sur De Dreux ne font pas état de ses travaux d'après Desportes.

B. O.

19. *Cf.* Museo nacional de arte decorativo, catalogo, Avenida Alvear, Buenos Aires, 1947, n° 106, p. 89.

FRANÇOIS DESPORTES
CHAMPIGNEULLE, 1661 – PARIS, 1743

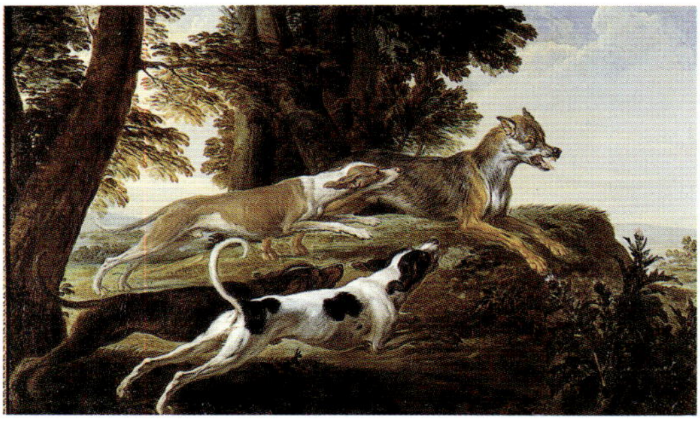

20a • *Chasse au loup*
H. T. 0,55 x 0,93
S. d. b. d. : *Desportes, 1706*
Inv. R. F. 1955 - 14

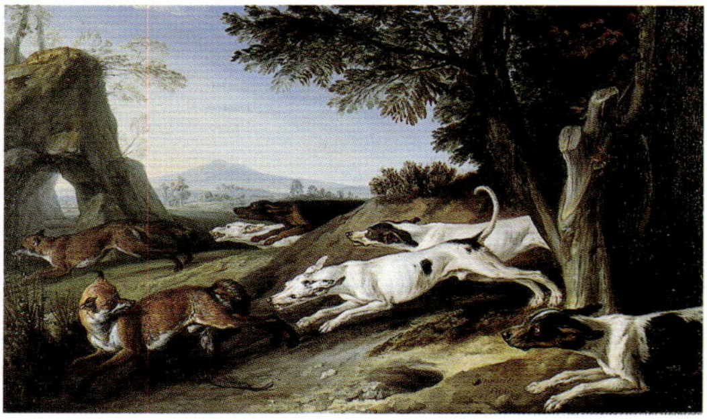

20b • *Chasse au renard*
H. T. 0,55 x 0,93
S. d. b. d. : *Desportes, 1706*
Inv. R. F. 1955 - 15

HIST. : vente, Paris, 4 mai 1955, n° 198, achat des musées nationaux ; dépôt, 1955

BIBL. : Hallo, 1961, repr. p. 119 (R. F. 1955 - 15) ; Lastic, 1969, n° 753 (R. F. 1955 - 14), n° 767 (R. F. 1955 - 15) ; Foucart-Walter, 1986, t. V, p. 244 ; Hourtolle, 1998, repr. p. 25 (R. F. 1955 - 14) ; Jacky, 1999, t. III, n° P 451, repr. (R. F. 1955 - 15), n° P 452 (R. F. 1955 - 14)

EXP. : Berne, 1959, n° 18-19

On ignore la provenance de ces deux tableaux. Leur format relativement petit n'est pas courant dans l'œuvre de l'artiste. Lors de ses travaux pour le petit château de la ménagerie de Versailles, réalisés quelques années auparavant, Desportes, contraint par les boiseries intérieures, avait dû réaliser des œuvres de dimensions modestes. Toutefois, aucun document ne prouve que ces deux chasses aient été réalisées pour la ménagerie. En cette année 1706, Desportes travaillait pour l'appartement du roi au château de Marly. En effet, à partir de ces premières années du siècle, l'artiste animalier devint le peintre favori du roi et de la Cour pour la représentation de sujets de vénerie, de natures mortes à sujets cynégétiques ou des chiens favoris de sa Majesté. Son succès ne se démentit pas jusqu'à l'arrivée de Jean-Baptiste Oudry qui devint un redoutable concurrent à partir de 1725.

P. J.

21a • *Débuché de cerf*
H. T. 2,27 x 2,90
S. d. b. d. : *Desportes 1719*
Inv. 3901

21b • *Chasse aux renards*
H. T. 2,22 x 2,90
S. b. d. : *Desportes 1719*
Inv. 20141 [repr. p. 44]

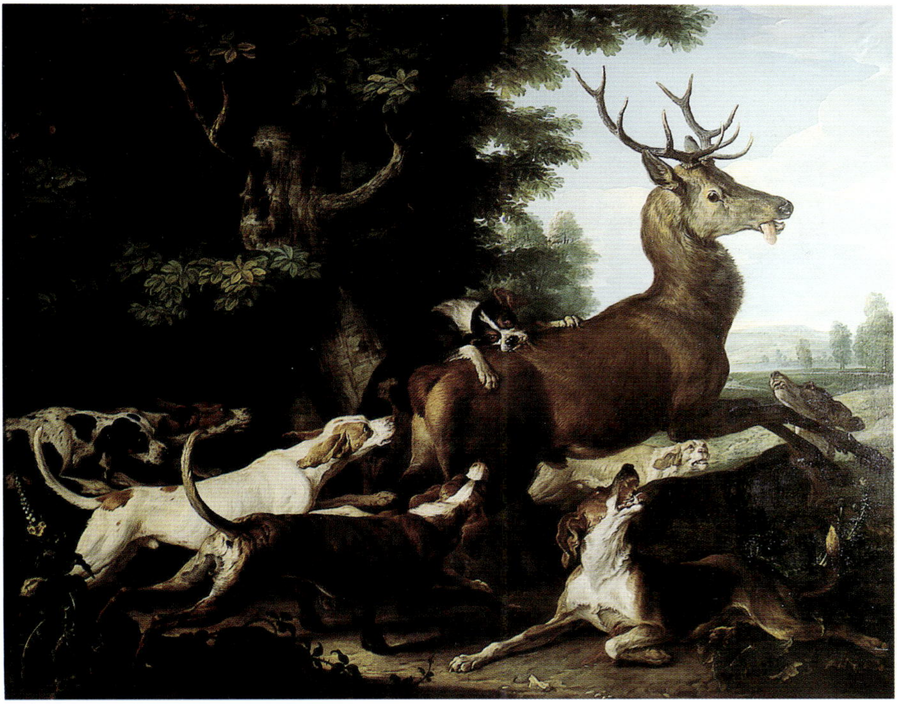

HIST. : peints en 1719 pour le duc de Bourbon et destinés à l'appartement du roi au château de Chantilly ; Muséum central 1793, inv. Puthod (Lex, 1915, p. 26) ; dépôt musée d'Angers (Arch. nat., F21 4500, dossier 2, pièce 15, série cahiers des musées), 1797 [inv. 20141] ; Paris, musée du Louvre [inv. 20141] ; dépôt château de Compiègne, 1922 [inv. 3901] ; dépôt, 1967

BIBL. : *Mercure de France*, juin 1743, t. I, p. 1190 ; Angers, cat. musée, 1800, n° 129P ; 1816, n° 24P ; 1842, n° 30 [inv. 20141] ; Desportes, 1854, t. II, p. 107 ; Villot, 1855, n°s 166-167 ; Angers, cat. musée, 1881, n° 47 [inv. 20141] ; *I. G. R. A. F.*, Province, monuments civils, t. III, 1885, p. 20 [inv. 20141] ; Brière, Communaux, 1925, p. 296, n°s 71-72 ; Lastic, 1961, p. 63 [inv. 3901] ; Lastic, 1969, n° 686 [inv. 3901], n° 768 [inv. 20141] ; Angers, cat. musée, 1972, p. 140 [inv. 20141] ; Rosenberg, Reynaud, Compin, 1974, n° 211, repr. p. 104 [inv. 20141] ; Lastic, 1977, repr. p. 292 ; Foucart-Walter, 1986, t. V, p. 243-244 ; Beauvais, cat. exp., 1990, repr. p. 24 [inv. 20141] ; Le Guen, 1995, p. 14 *sq.*, repr. p. 17 ; Jacky, 1998, cat. exp., p. 22, repr. p. 23 [inv. 3901] ; Jacky, 1999, t. IV, n° P 619-P620, repr.

EXP. : Paris, Gien, 1998, n° 34, repr. [inv. 3901]

Le *Débuché de cerf* reprend la conception d'ensemble d'un tableau de même sujet (1718, Rouen, musée des Beaux-Arts) où étaient déjà présents cerf et chiens qui créent une grande diagonale : un cerf est rejoint par la meute et vit ses derniers instants. Le tronc d'arbre s'impose par sa majesté et répond dans sa courbure au corps du cerf. Avec une

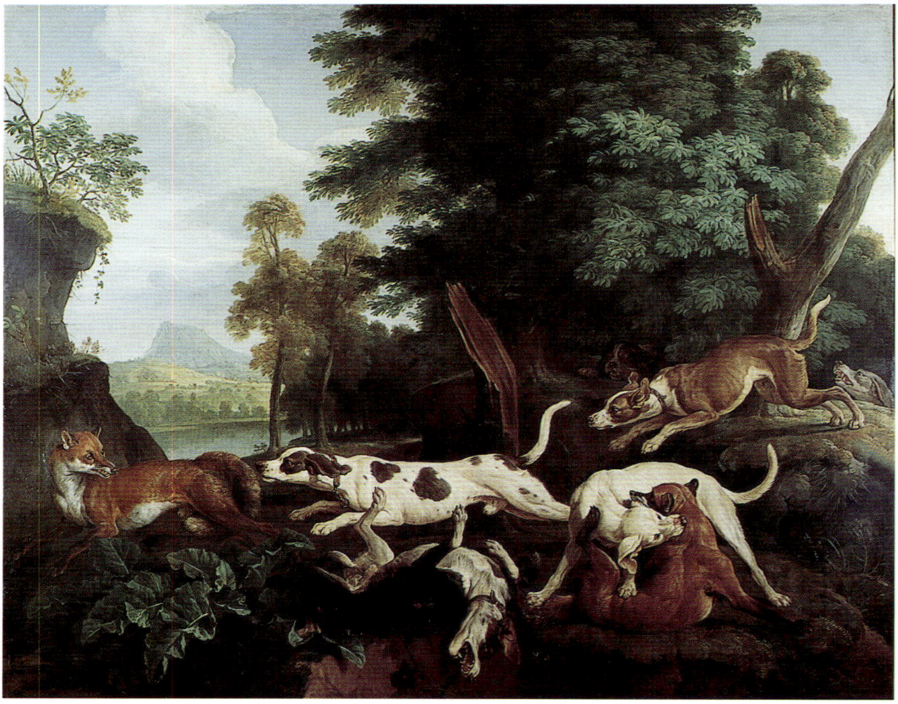

pointe d'humour, Desportes a affublé cet arbre de deux branches dont la forme n'est pas sans évoquer les bois de l'animal. Le chien blessé, situé sous le cerf, semble tout droit sorti de quelque œuvre de Paul de Vos ou de Frans Snyders, comme ce chien qui se contorsionne de douleur au premier plan de son pendant, la *Chasse aux renards*.

Laissant une large place à un paysage, le peintre présente, dans ce dernier tableau, deux actions simultanées. Au premier plan, on assiste au combat d'un chien et d'un renard dont les corps forment deux courbes inversées d'un bel effet. Elles s'opposent à l'horizontalité formée par la course des chiens contre un autre renard tout autant qu'aux divers troncs d'arbres qui ponctuent le paysage et notamment ce tronc brisé placé au centre de la composition. L'important pied de bardane, qui se trouve dans le prolongement du chien gisant, forme une autre élégante courbe où une large feuille fait écho à la tête de l'animal qui pend dans le vide. Grâce à ce talus, au centre de la composition, il transpose, dans le cadre d'une chasse, l'effet illusionniste créé au premier plan de ses natures mortes par une branche de pêcher ou un couteau qui dépassent de l'entablement. Outre ce chien tordu de douleur, il faut bien avouer que Desportes réduit l'agressivité de ce genre de scène au strict minimum. Là où les Flamands peignaient un véritable combat, Desportes peint avant tout une nature sans artifice mais au sein de laquelle l'harmonie ne doit être absente. Harmonie recherchée jusqu'au point extrême au-delà duquel l'artifice prendrait le pas.

Le *Débuché de cerf* et la *Chasse au renard*, attribuée à Oudry jusqu'à son arrivée au musée de Senlis et rendue à son véritable auteur par Georges de Lastic, ont été parfois associés à la *Chasse au sanglier* du musée des Beaux-Arts de Lyon (inv. A. 86). Or, aucun document ne vient confirmer cette provenance pour le tableau de Lyon. L'inventaire Puthod du château de Chantilly répertorie seulement deux chasses et ceci est confirmé par Claude-François Desportes qui écrit à propos de cette commande que son père « [...] a peint [...] deux (chasses) de grandeur naturelle pour M. le Duc, à Chantilly, destinées à l'appartement du roi ».
En 1725, Desportes fit à nouveau deux hallalis pour Chantilly mais partagea cette fois la commande royale avec Jean-Baptiste Oudry qui réalisa trois sujets de chasse pour la salle des gardes.

P. J.

Études peintes de François Desportes

22a • *Tête de loup*
Vers 1676-1691
H. P. 0,16 x 0,10 (fenêtre)
B. d. : *loup* et h. c. : *loup*
Inv. PI 23 bis

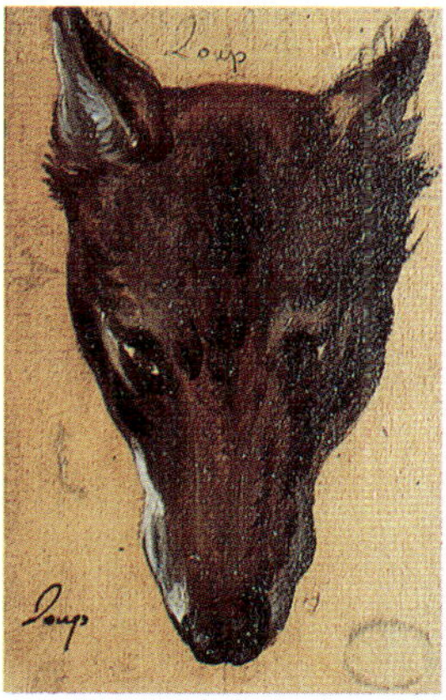

BIBL. : Champfleury, 1891, p. 11 ; Lastic, 1969, n° 305 ; Jacky, 1999, t. III, n° P16

EXP. : Paris, 1943, galerie Charpentier, n° 34

22b • *Molosse de profil*
Vers 1692-1700
H. P. 0,297 x 0,460 (fenêtre)
H. d. : *n° 19*
Inv. S 115

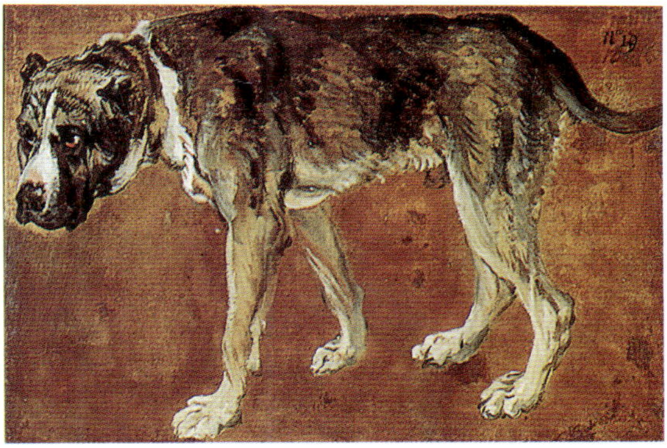

BIBL. : Lastic, 1969, n° 243 ; Jacky, 1999, t. III, n° P 241

EXP. : Beauvais, 1920-1921, n° 66

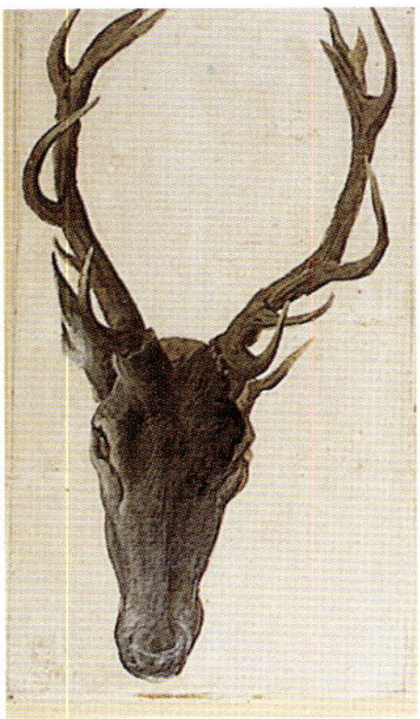

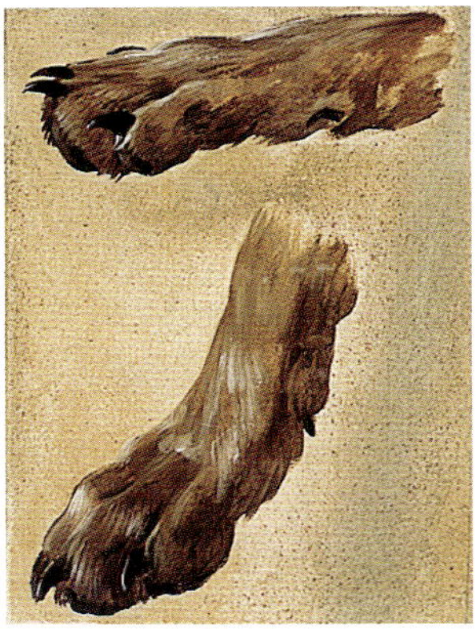

22c • *Tête de cerf*
Vers 1692-1700
H. P. 0,425 x 0,240 (fenêtre)
Inv. PI 98

BIBL. : Lastic, 1969, n° 294 ; Jacky, 1999, t. III, n° P 300, repr.

22d • *Deux pattes de chien*
Vers 1692-1700
H. P. 0,25 x 0,18 (fenêtre)
Inv. PI 90

BIBL. : Lastic, 1969, n° 255 ; Jacky, 1999, t. III, n° P 244, repr.

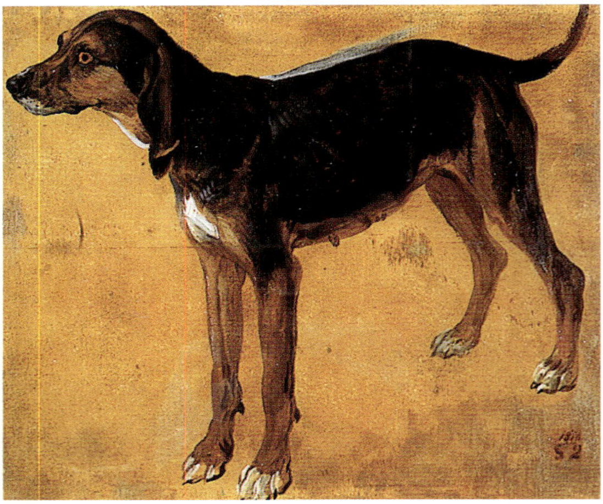

22e • *Rougeaude, chienne de la meute de Louis XIV*
Vers 1700-1702
H. P. 0,312 x 0,377 (fenêtre)
B. d. : *1814 / S2*
Inv. S 99

BIBL. : Lastic, 1969, n° 211 ; Jacky, 1999, t. III, n° P 379

EXP. : Beauvais, 1920-1921, n° 23

L'inscription de Desportes, placée sous cette chienne tricolore, est aujourd'hui quasiment effacée.

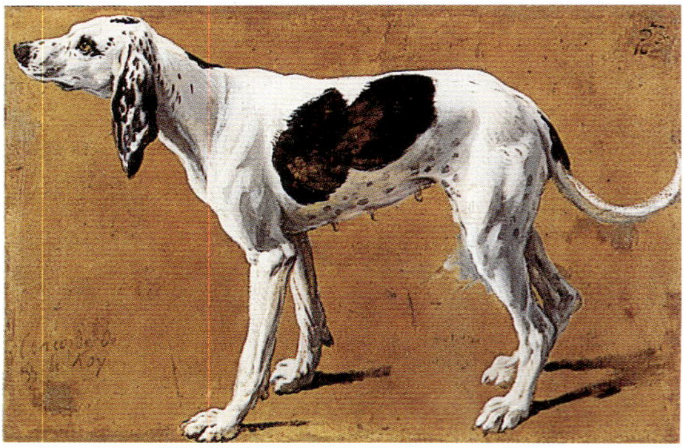

22f • *Concorde, chienne de la meute de Louis XIV*
Vers 1700-1702
H. P. 0,298 x 0,476 (fenêtre)
B. g. : *Concorde de chez le Roy.*
et h. d. : *58*
Inv. S 103

BIBL. : Lastic, 1969, n° 212 ; Jacky, 1999, t. III, n° P 372, repr.

EXP. : Beauvais, 1920-1921, n° 95

22g • *Chien de la meute du Grand Dauphin*

Vers 1702
H. P. 0,305 x 0,415 (fenêtre)
H. d. : *34* et h. g. : *50* [coupé]
Inv. PI 34

BIBL. : Lastic, 1969, n° 213 ; Jacky, 1999, t. III, n° P 393, repr.

Cette étude, qui représente vraisemblablement l'un des chiens de meute du Grand Dauphin, a été réalisée en vue de la commande pour Meudon.

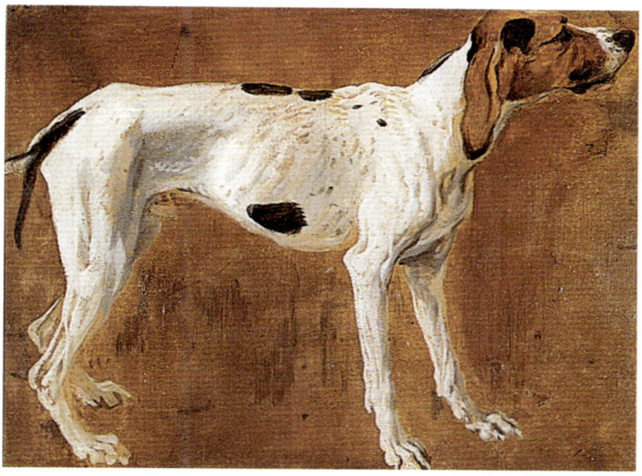

22h • *Chien de meute*

Vers 1702
H. P. 0,152 x 0,202 (fenêtre)
Inv. PI 36

BIBL. : Lastic, 1969, n° 216 ; Jacky, 1999, t. III, n° P 394, repr.

Voir commentaire ci-dessus.

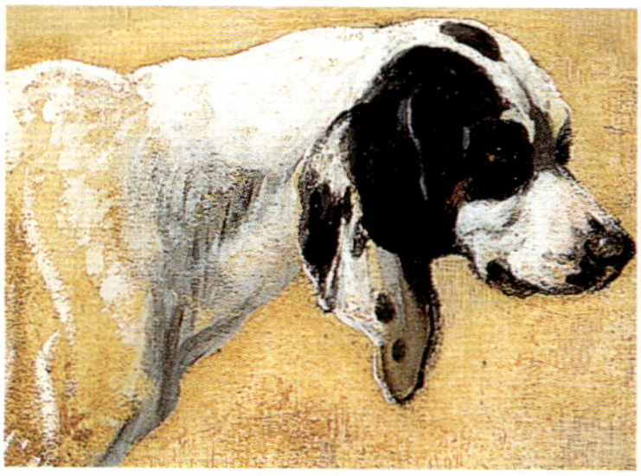

22i • *Gueule et oreille de chien de meute*

Vers 1702
H. P. 0,220 x 0,174 (fenêtre)
C. d. : *21.*
Inv. PI 38

BIBL. : Lastic, 1969, n° 215 ; Jacky, 1999, t. III, n° P 402, repr.

Étude de l'un des chiens de meute du Grand Dauphin réalisée pour le château de Meudon, en 1702. Cet animal est le troisième chien représenté derrière le loup dans la *Chasse au loup* (Gien, musée international de la Chasse).

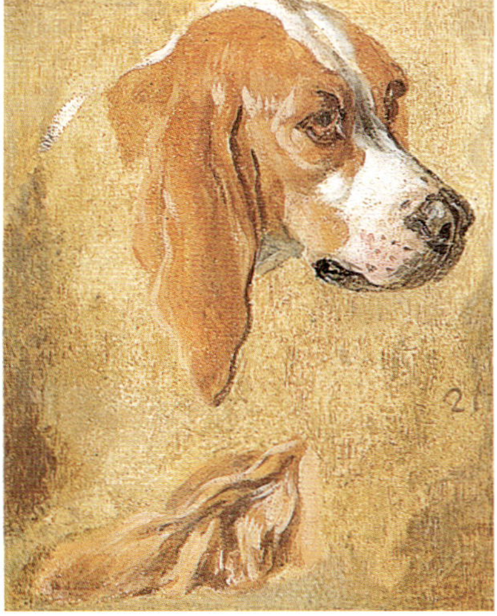

22j • *Chien de la meute du Grand Dauphin*
Vers 1702
H. P. 0,271 x 0,344 (fenêtre)
H. d. : annotation coupée
Inv. PI 35

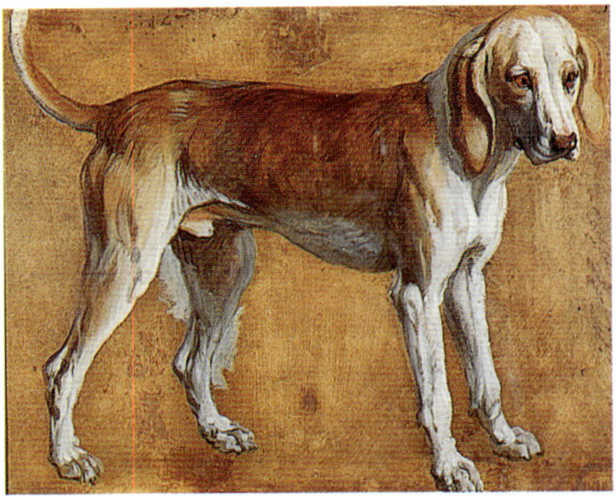

BIBL. : Lastic, 1969, n° 195 ; Jacky, 1999, t. III, n° P 398, repr.

Étude de l'un des chiens de meute du Grand Dauphin, réalisée pour le château de Meudon en 1702. Ce chien figure à l'arrière-plan droit de *Chevreuil gardé par des chiens* (musée national du Château de Versailles).

22k • *Chien de la meute du Grand Dauphin*
Vers 1702
H. P. 0,30 x 0,39 (fenêtre)
Inv. S 224

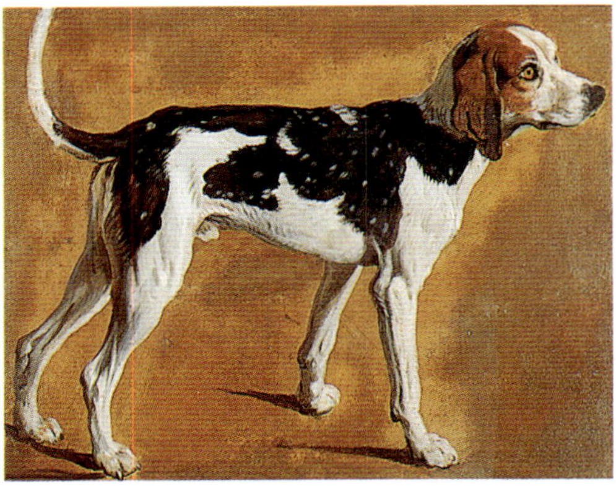

BIBL. : Lastic, 1969, n° 196 ; Jacky, 1999, t. III, n° P 399, repr.

Étude d'après nature de l'un des chiens de meute du Grand Dauphin, réalisée pour le château de Meudon en 1702. Ce chien figure au premier plan *Chevreuil gardé par des chiens* (musée national du Château de Versailles).

221 • *Chien dressé*
Avant 1725
H. P. 0,490 x 0,345
B. d. : *13*
Inv. PI 26

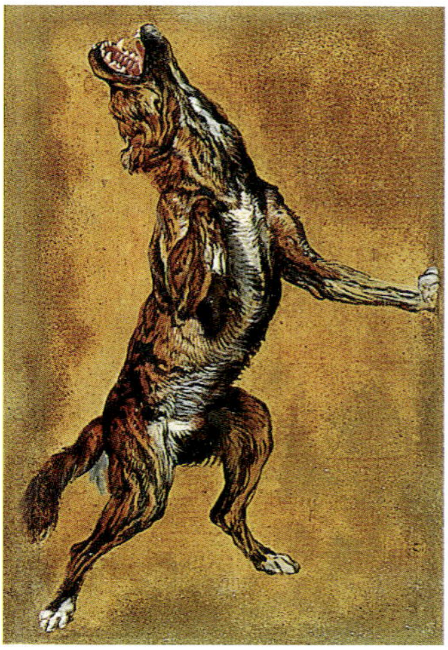

BIBL. : Lastic, 1969, n° 214 ; Jacky, 1998, p. 26, repr. ; Jacky, 1999, t. III, n° P 680, repr.

EXP. : Paris, 1982-1983, n° 19, repr. ; 1998, Paris, Gien, n° 35, repr.

Ce chien figure dans l'*Hallali de sanglier* peint en 1725 pour l'appartement du roi au château de Chantilly (Boissy-Saint-Léger, château de Grosbois) et dans une autre composition de 1729 (localisation inconnue).

Le musée de la Vénerie de Senlis conserve, en dépôt depuis 1967, douze études de François Desportes, réalisées à l'huile sur papier beige préparé et collé sur carton (excepté la *Tête de loup*, non contrecollée).
Ces quelques feuilles sont un modeste témoignage de l'ensemble de l'atelier de l'artiste qui a été miraculeusement préservé par le temps grâce à Claude-François Deportes (1695-1774), son fils et élève, qui conserva l'ensemble à la mort de son père. À sa propre mort, Nicolas Desportes (1718-1787), neveu et également élève de François, conserva à son tour l'ensemble du fonds d'atelier et le vendit dans sa quasi-intégralité à la manufacture de Sèvres, en 1785, afin que ces études peintes et dessinées puissent servir de modèles aux artistes de la manufacture de porcelaines. Aujourd'hui, ce fonds constitué de plusieurs centaines d'études et quelques tableaux, est conservé pour l'essentiel à la manufacture nationale de Sèvres qui en a déposé une partie dans divers musées de province et de Paris. Ces études, dont une grande partie fut réalisée avant 1700, constituaient un répertoire de motifs pour l'artiste, qui puisait dans ses cartons à l'occasion de ses besoins. Il avait à sa disposition une quantité d'animaux sous diverses postures et multiples expressions mais également de nombreuses études de fleurs, arbres et autres végétaux qui agrémentaient ses scènes de chasse. Quantité d'autres études représentent des fruits, des fleurs et divers objets destinés à ses natures mortes. Enfin, ce fonds est composé d'un ensemble exceptionnel de paysages réalisés sur le motif, tous d'une fraîcheur et d'une spontanéité qui annoncent avec bien des années d'avance la pratique des peintres de la fin du XVIIIe siècle et du siècle suivant.

P. J.

ÉDOUARD DOIGNEAU
NEMOURS, 1865 – PARIS, 1954

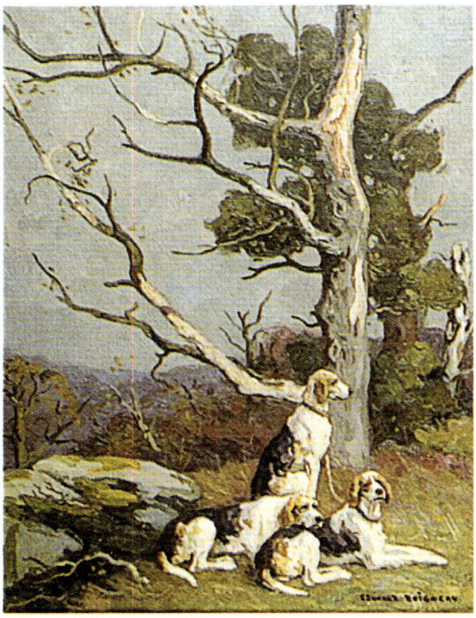

23 • *Chiens de meute*
H. sur carton. 0,500 x 0,392
Inv. B 12

HIST. : don de l'artiste, 1936

Lorsqu'il constitua les collections du musée de la Vénerie, Hallo associa à son projet les artistes de son temps. Doigneau prit rang parmi les peintres donateurs du nouvel établissement. Il était alors président de la Réunion des peintres de chevaux et de chasse et vénerie, bien que la cynégétique n'ait constitué qu'une facette de sa production.
Après avoir renoncé aux perspectives professionnelles que lui ouvrait sa scolarité à Polytechnique, Doigneau apparut au Salon des artistes français en 1899 et n'en disparut qu'en 1939. Ses envois manifestent une évidente fascination pour le folklore – bigouden, camarguais ou orientalisant – qu'il évoque souvent à partir de thèmes animaliers. Peu d'artistes ont décrit de façon aussi complète les multiples emplois du cheval, alternativement monté par un cavalier marocain, un paysan breton, un gardian d'Aigues-Mortes ou un veneur en tenue. Peu d'entre eux passent aussi facilement des troupeaux de taureaux aux chiens de meute, sujet qui lui permet de remporter une médaille de seconde classe au Salon de 1909 et par lequel il est représenté au musée de la Vénerie.
Notre relais de limiers se situe probablement en forêt de Fontainebleau. Un siècle après la naissance de l'école de Barbizon, ce site exceptionnel était toujours le point de ralliement de nombreux paysagistes animaliers perpétuant un style figuratif hérité du XIXe siècle.

B. O.

JEAN-GABRIEL DOMERGUE
BORDEAUX, 1889 – PARIS, 1962

24 • *Madame Olympe Hériot*
H. T. 1,94 x 0,97
S. b. d. : *Domergue*
Inv. V – 2000 - 10 – 1

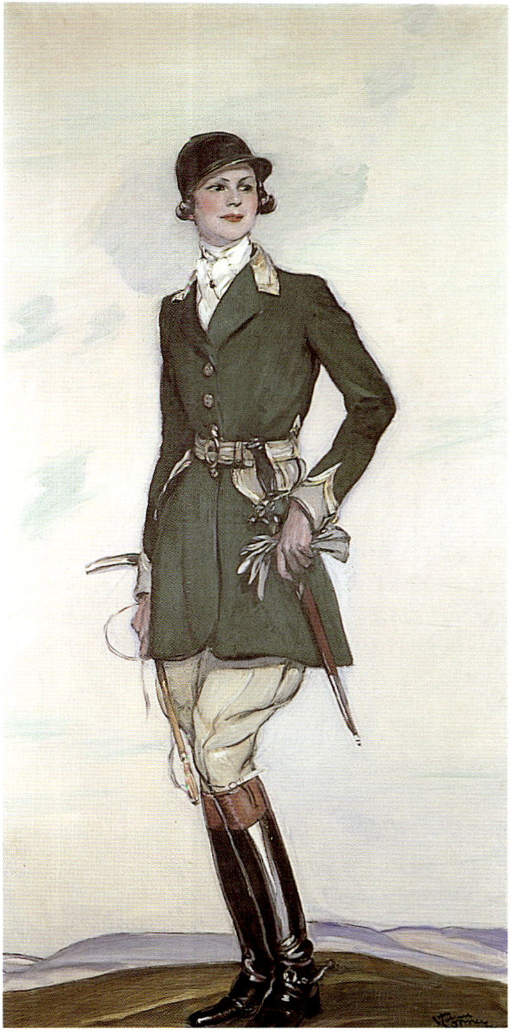

HIST. : don Mme Olympe Hériot, 1978

Boldini était décédé lorsque Olympe Hériot voulut, en 1932, faire portraiturer sa troisième épouse, née Irma Lavieille. Il fit alors appel à Domergue, le continuateur de Boldini dans l'art du portrait mondain. Les deux artistes étaient liés, Domergue considérant Boldini comme son maître. Devenu conservateur du musée Jacquemart-André en 1955-1956, il fut d'ailleurs à l'origine du projet de rétrospective Boldini inaugurée en 1963.

La confrontation des deux portraits est malheureusement cruelle pour Domergue, dont « l'art n'est qu'un pâle reflet de celui de Boldini[20] ». Sur un ciel démesuré se détache la silhouette de Mme Hériot (1894-1981) qui porte la tenue verte de l'équipage Olympe Hériot. Longue et sportive, elle est conforme à l'esthétique mise au point par « l'inventeur de la pin-up », tel que Domergue se qualifiait lui-même.
C'est probablement au même moment qu'il peignit le portrait de la sœur d'Olympe Hériot, Virginie. La célèbre navigatrice, revêtue d'un lourd manteau orné de la Légion d'honneur, se détache sur un environnement maritime[21]. On ignore malheureusement la localisation actuelle de ce tableau.

B. O.

20. Georges de Lastic, s. d., p. 14.

21. Reproduit, *Revue de l'art ancien et moderne*, déc. 1932, n° 340, p. 401.

PIERRE DUVAL-LE-CAMUS
LISIEUX, 1790 – SAINT-CLOUD, 1854

25 • *Chasse au loup*
H. T. 0,90 x 1,23
S. b. m. *: Duval. L. C.*
Inv. B 39

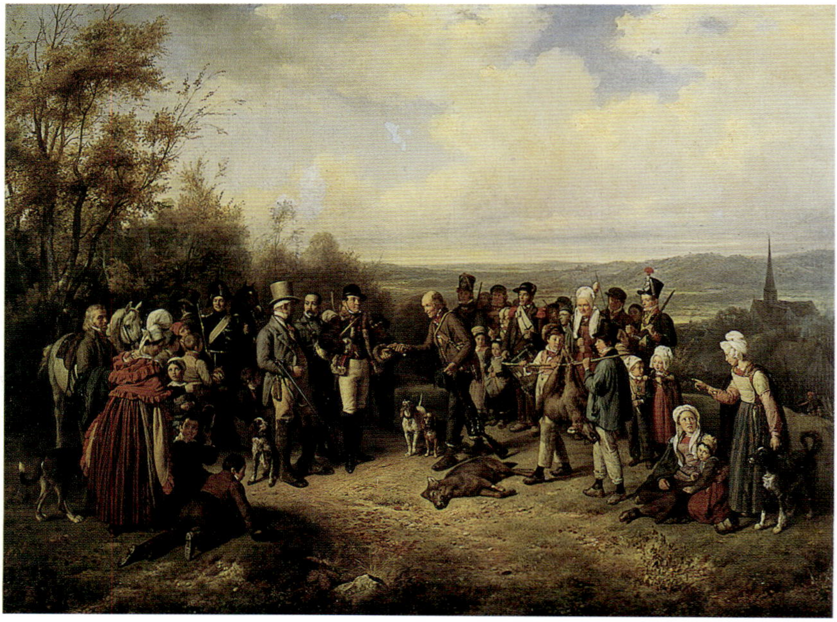

HIST. : dépôt du musée national du Château de Compiègne en échange d'un buste d'enfant de Chinard, 1938

BIBL. : Rousselot, 1967, repr. p. 223 ; Carbone, 1991, repr. p. 80 ; Carbone, Le Pape, 1996, repr. p. 76 ; Joly, Carbonne, 1998, repr. p. 82

EXP. : Paris, Salon, 1838, n° 617 ; Arras, Salon, 1938 (sans numéro) ; Berlin, 1937, n° 195 ; Paris, 1943, n° 58

Duval-Le-Camus appartient à une génération qui remet en cause le style néo-classique et redécouvre la peinture de genre des écoles du Nord. Tandis que Marmottan (1886) le considère comme un « réaliste de bon aloi », Claretie (1876) compare son pinceau « bourgeois » à celui de Bonvin. Entre 1819 et 1853, ses envois au Salon évoquent le quotidien d'une France rurale et pieuse. Alors que les artistes spécialisés, dont le plus fameux est alors Carle Vernet, abordent la chasse sous un angle sportif et mondain, Duval-Le-Camus s'éloigne des poncifs du genre. Le tableau de Senlis est avant tout l'évocation méticuleuse d'un événement villageois : la mort du loup qui, au XIXe siècle encore, terrifiait les campagnes et dont la destruction était confiée aux lieutenants de louveterie. Encadrée par des gendarmes et des gardes forestiers, la composition de Duval-Le-Camus montre l'issue d'une chasse à courre ou d'une battue. Un paysan, peut-être le piqueux de l'équipage, remet le pied de l'un des loups à un personnage richement vêtu, probablement un invité. Aucun des protagonistes ne porte la tenue officielle de la louveterie telle qu'elle est décrite dans l'ordonnance de 1814 (habit bleu à la française pour les officiers et les piqueux), ce qui laisse supposer certains aménagements aux règles édictées par le pouvoir central. La scène se déroule sans doute dans la région natale de Duval-Le-Camus, la Normandie, évoquée dans plusieurs de ses toiles.

B. O.

JACQUES FOUQUIÈRES
ANVERS, V. 1589 - PARIS, 1656

26 • *Chasse au lièvre*

H. T. 0,44 x 0,53
S. b. d. : *Fouquières*
Inv. R. F. 1960 - 6

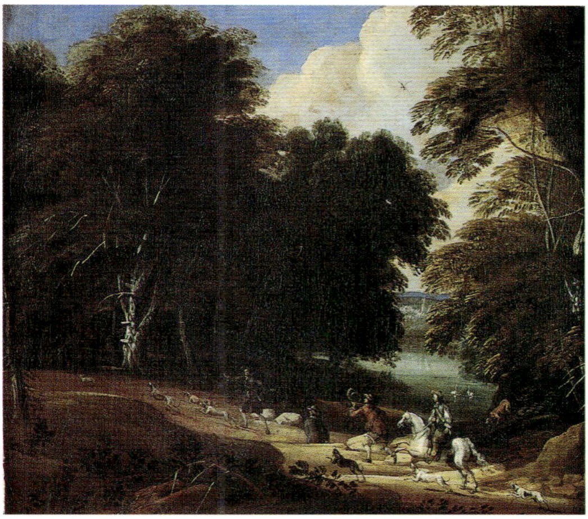

HIST. : acquis 2 000 F, galerie Marcus, Paris par le musée du Louvre pour Senlis, arrêté du 3-03-1960 ; dépôt, 1961

BIBL. : Laclotte, 1964, p. 171-172 repr.

Fouquières, dont Mariette disait qu'« il entendait très bien les lointains, touchait les plantes, les pierres, les roches et les montagnes dans leur véritable caractère », demeure mal connu. Laurence Quinchon, qui préparait une thèse sur cet artiste, a finalement renoncé faute de renseignements et d'un corpus d'œuvres suffisants. Représentant du milieu artistique franco-flamand, Fouquières débute vers 1621 à Anvers avant de gagner Paris où il connaît la célébrité. Louis XIII lui commande pour la Grande Galerie du Louvre des vues de villes, domaine pour lequel l'artiste lui a été recommandé en 1626, mais le projet n'aboutit pas. C'est à travers ses paysages qu'il est le mieux représenté de nos jours, notamment par deux compositions conservées aux musées de Nantes et de Grenoble. De petit format, le tableau de Senlis montre une chasse au lièvre. Ce modeste animal est généralement absent des pompes qui accompagnent les mises en scène picturales de la vénerie française. Une organisation savante du clair-obscur, comme de l'espace, structure le tableau. Le cortège animal-meute-chasseurs, dont chaque silhouette est finement soulignée au pinceau, s'inscrit sur une oblique. Placé en pleine lumière, il s'intercale entre l'avant-plan et la masse des arbres laissés dans l'ombre. La ligne de fuite qui ouvre sur une étendue d'eau s'oppose à la touffeur de la forêt.

B. O.

JULES-BERTRAND GÉLIBERT
BAGNÈRES-DE-BIGORRE, 1834 – CAPBRETON, 1916

27 • *Louvart pris au débuché*
H. T. 1,96 x 3,07
S. d. b. d. : *Jules B. Gélibert/1899*
Inv. B 60

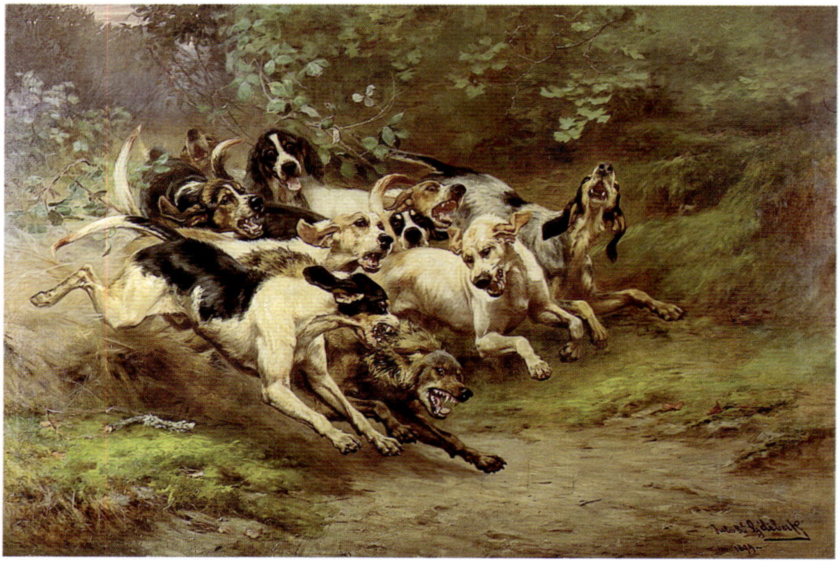

HIST. : don Paul et Pierre Dormeuil, 1949

EXP. : Paris, Salon des artistes français, 1899, n° 850

Fils et frère de peintres paysagistes et animaliers, Jules-Bertrand Gélibert fait de la chasse le thème exclusif de son art. Les titres de ses envois au Salon, entre 1859 et 1914, l'attestent, témoignant d'un véritable engouement pour ce sujet dans ces années-là. La vogue est toutefois éphémère. Gélibert sombre dans l'oubli en même temps que sa production peinte et sculptée (rares bronzes), conservée de nos jours en mains privées. De 1866 à 1879, date de son installation dans les Hautes-Pyrénées, Gélibert réside en Seine-et-Marne. Comme Tavernier et de Penne, un certain nombre de ses toiles sont inspirées par les laisser-courre d'équipages prestigieux, ceux du rallye Sivry ou de l'équipage de Boisboudran qui découplent en forêt de Fontainebleau.
Destiné au Salon, le spectaculaire tableau du musée de Senlis est animé d'un mouvement et d'une violence hérités de la tradition flamande. Il rompt avec la dimension commémorative ou mondaine de nombreux tableaux de vénerie. Adaptée au décor d'une vaste demeure, la composition est centrée sur le groupe animalier, réutilisé et décliné par Gélibert dans différentes œuvres. Comme souvent dans sa peinture, l'arrière-plan n'est qu'esquissé. On sait que Jules-Bertrand Gélibert avait l'habitude de cosigner avec son frère Gaston des œuvres, l'un peignant les animaux, l'autre le paysage.

B. O.

PIERRE GOBERT (D'APR.)
FONTAINEBLEAU, 1662 – PARIS, 1744

28 • *Duchesse de Bourgogne en tenue de la vénerie royale*
H. T. 0,82 x 0,58
Inv. MV 3729

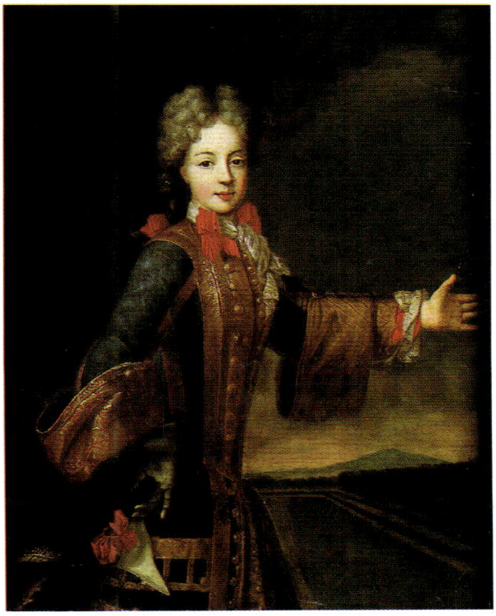

HIST. : acquisition de M. White pour Versailles, 1835 ; dépôt musée national du Château de Versailles, 14 mars 1956

BIBL. : Chabrol, 1961, repr. p. 17 ; Constans, 1995, n° 2276, p. 402

EXP. : Louveciennes, 1990, n° 69

Le château de Versailles conserve une version (MV 6825) et deux variantes (MV 3730 et MV 3729) du portrait de la duchesse de Bourgogne (1685-1712) en tenue bleue de la vénerie royale, conservé au palais royal de Turin. Son auteur est le portraitiste attitré de la famille royale et de la noblesse pendant la première moitié du XVIIIe siècle. Produit par son atelier ou l'un de ses suiveurs, notre tableau présente la duchesse en buste, alors que sa silhouette figure en entier sur l'original devant le grand canal du château de Fontainebleau.
C'est à l'âge de onze ans que Marie-Adélaïde de Savoie, future mère de Louis XV, arrive en France pour s'unir au duc de Bourgogne, petit-fils de Louis XIV. Parmi d'autres, le témoignage de la princesse Palatine relatant qu'« elle traite son beau-père d'une façon irrespectueuse et le tutoie, lui, s'imaginant alors en faveur et en étant tout joyeux » montre combien elle avait la faveur du souverain qu'elle suivait dans ses divertissements cynégétiques[22]. L'historiographe Dangeau évoque ainsi : « Le 23 janvier 1699, le Roi courut le cerf avec madame la duchesse de Bourgogne... Elle étoit en habit de chasse avec un petit justeaucorps, et elle y étoit fort bien. C'est la première fois qu'elle eut cet habillement. » Selon la même source, « en décembre 1700, on disait à la Cour que la jeune duchesse allait commencer à monter à cheval pour suivre la chasse au lièvre », et dès le « printemps 1701, elle chassa le cerf à cheval, à la grande joie de son aïeul[23] ».

B. O.

22. Princesse Palatine, 1985, p. 244.

23. Dunoyer de Noirmont, 1867, p. 297.

JACQUES-FERNAND OU FERDINAND GONIN
MILAN, 1883 – ?

29 • *Comte Bertrand de Valon*

H. T. 2,11 x 1,25
S. b. g. : *Gonin*
Inv. V – 2000 - 11 – 1

HIST. : acquis à la galerie Saint-Nicolas, Châtillon-sur-Seine, 1989

BIBL. : Édouard-Joseph, 1934, p. 129

EXP. : Paris, Salon des artistes français, 1930, n° 951

« Vers la fin de1885, on vit apparaître à Chamant un monsieur d'une trentaine d'années, très élégant de tournure, la figure un peu poudrée, avec de petits favoris blonds roulés [...] et des guêtres blanches recouvrant des souliers vernis au pinceau[24]. » Le comte de Valon, spirituellement décrit par Jacques Kulp, devait rester pendant un demi-siècle l'une des personnalités phare de la vénerie dans l'Oise. En 1885, après avoir racheté à Joachim Lefèvre une partie de sa meute, il fondait avec Charles de Morny et le comte de Meffray un équipage qui découpla en forêt de Lyons et en Halatte, d'où son nom de Lyons-Halatte devenu ensuite Par Monts et Vallons. Ses

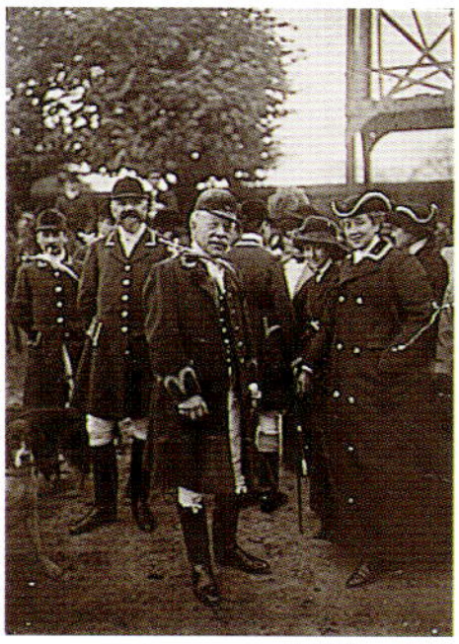

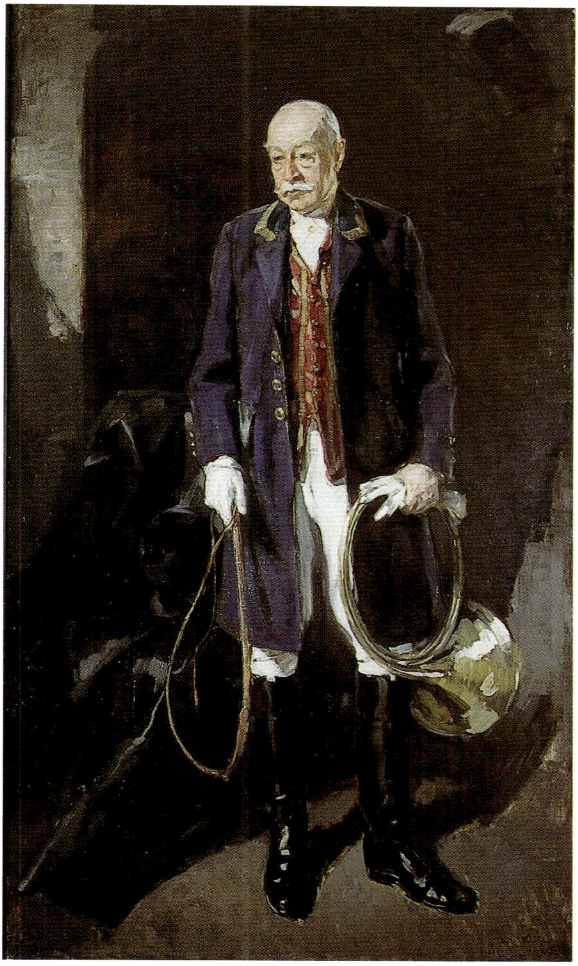

deux associés ayant pris leur retraite en 1889, Valon resta jusqu'en 1933 le seul maître d'un équipage qui réunissait la meilleure société de l'époque. Le musée de la Vénerie conserve de nombreux souvenirs de cet illustre veneur : les accessoires de ses tenues et plusieurs de ses effigies (pastels de la baronne Lambert, née Rothschild ; buste en bronze par Marguerite Fould-Stern). Ce tableau de Gonin, qui montre le maître d'équipage au soir de sa vie, est une heureuse découverte de la Société des amis du musée sur le marché de l'art. On sait peu de chose de son auteur qui, né en Italie, exposa au Salon des artistes français où il obtint une médaille en 1921.

B. O.

24. Kulp, 1935, s. p.

ALBERT GUILLAUME
PARIS, 1873 – FAUX, DORDOGNE, 1942

30a • *Le Rendez-vous*
H. T. 0,61 x 2,37
S. b. d. : *A. Guillaume*
Inv. V – 2000 - 12 – 1

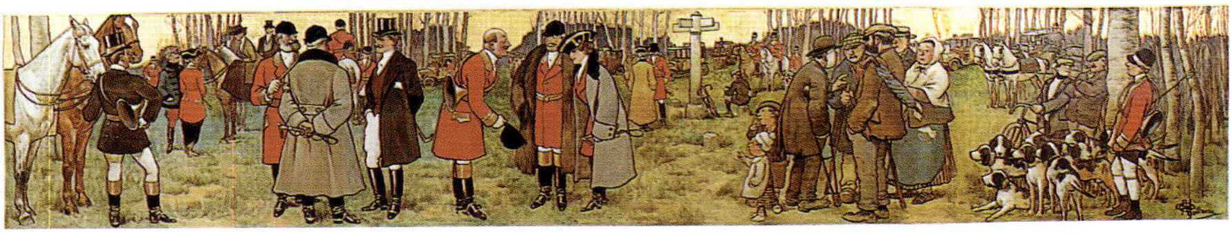

30b • *Le Rapport*
H. T. 0,61 x 3,45
S. b. d. : *A. Guillaume*
Inv. V – 2000 - 12 – 2

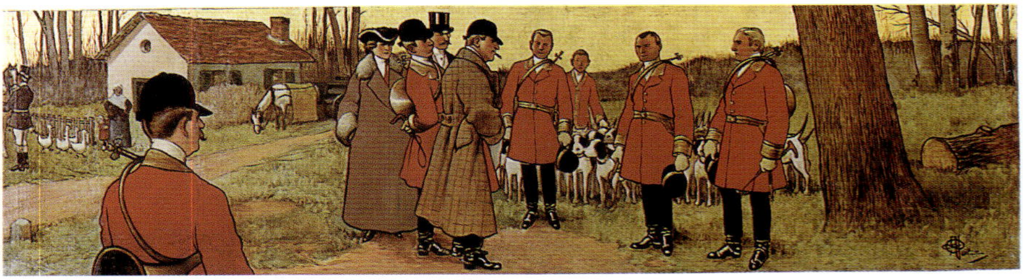

30c • *Le Laisser-courre*
H. T. 0,61 x 2,76
S. b. d. : *A. Guillaume*
Inv. V – 2000 - 12 – 3

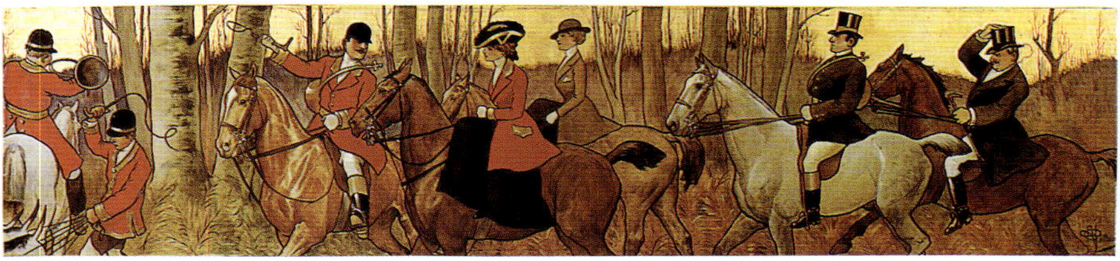

30d • *Les Égarés*

H. T. 0,61 x 2,35
S. b. d. : *A. Guillaume*
Inv. V – 2000 - 12 – 4

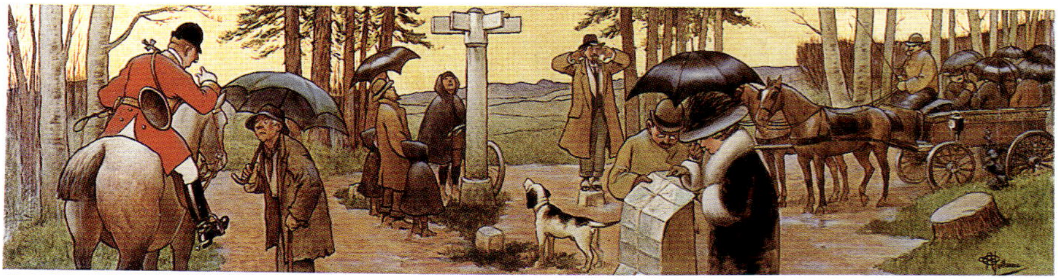

30e • *L'Hallali*

H. T. 0,61 x 2,37
S. b. d. : *A. Guillaume*
Inv. V – 2000 - 12 – 5

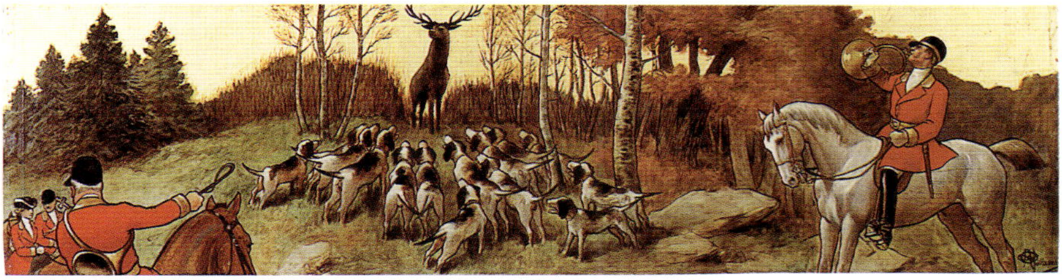

30f • *La Curée*

H. T. 0,61 x 2,55
S. b. d. : *A. Guillaume*
Inv. V – 2000 - 12 – 6

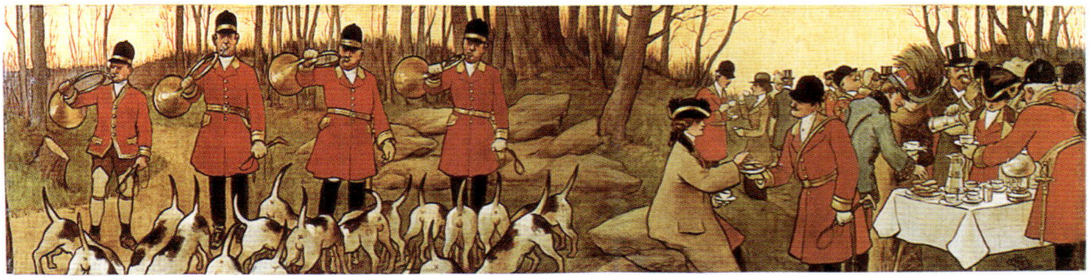

30g • *Les Honneurs du pied*

H. T. 0,61 x 2,35
S. b. d. : *A. Guillaume*
Inv. V – 2000 - 12 – 7

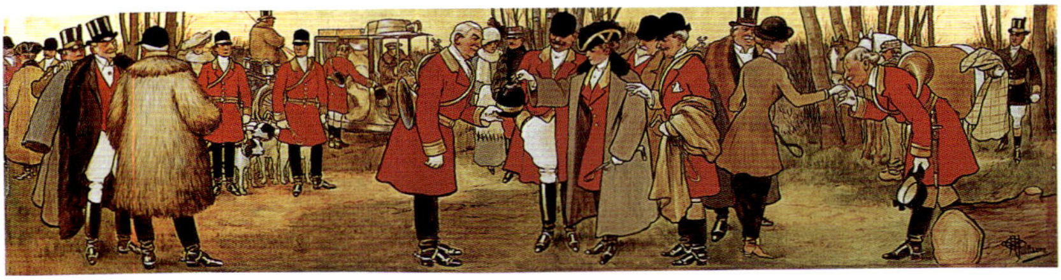

HIST. : inauguration des sept tableaux commandés par Charles Gienger à A. Guillaume pour l'hôtel du Grand-Cerf, Senlis, 24 juin 1911 ; vente de l'hôtel au Crédit agricole et dépose des toiles, 1976 ; don famille Davidsen, vers 1980

EXP. : Senlis, 1999-2000, cat. n°s 7-13, p. 40-41

Artiste humoriste parisien, Albert Guillaume, qui avait une propriété à Fontaine-Chaâlis, fut chargé de parfaire la modernisation de l'hôtel du Grand-Cerf par le décor de la salle du restaurant. Il réalisa en 1911 une suite de sept toiles, marouflées en partie haute des murs, rappelant la vocation cynégétique des forêts jouxtant Senlis.
Saisir dans des attitudes convenues la société de la Belle Époque, est un registre dans lequel excelle Guillaume. Ainsi décrit-il sans acrimonie l'insouciance des gens du monde auquel mettra fin le premier conflit mondial, côtoyant ici le peuple débonnaire des campagnes.
Le rallye Vallière, qui découplait en forêt d'Ermenonville, l'inspira dans cette vision amusée des épisodes successifs d'un laisser-courre. Bien qu'il reprenne certains types – notamment celui de la « petite femme » – qui ont fait sa célébrité dans la presse parisienne, plusieurs des protagonistes de ces scènes sont identifiables comme le marquis de Noailles et le baron de Neuflize, maîtres d'équipage associés.
Célèbre pour ses dessins qui font la une des journaux, Albert Guillaume avait entrepris dès 1904 une longue série de petits tableaux sans autre prétention, selon ses propres termes, « que d'amuser le public en fixant la mode et les manies du jour ». Malgré un format plus ambitieux, l'ensemble du Grand-Cerf répond à cette mission.
Diffusé en lithographie à taille réelle, il est par ses qualités graphiques l'une de ses meilleures réussites dans ce domaine.

B. O.

EUGÈNE GUILLEMOT
SENLIS, 1848 – ?, 1909 (?)

31 • *Piqueux de la vénerie du prince de Conti*
H. T. 0,28 x 0,20
Inv. B 49

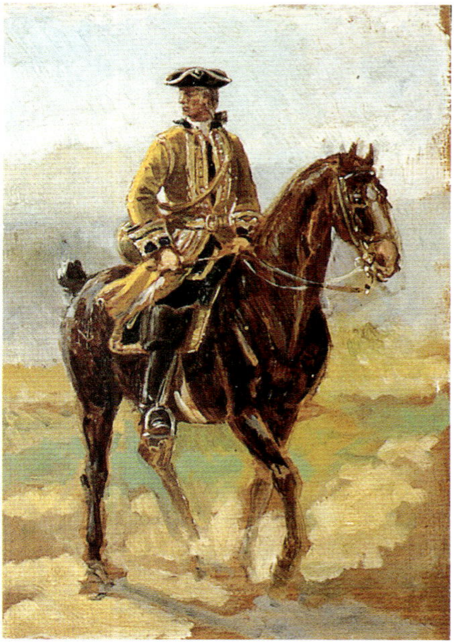

HIST. : don baron Foy, 1939

Après avoir reçu à Paris l'enseignement de G. Boulanger et figuré au Salon en 1869 et 1870, Guillemot se fixe dans sa région natale, à Pontpoint dans l'Oise. Il se consacre à la peinture et à sa grande passion, la chasse à courre, qu'il pratique au sein de l'équipage de Francport.

Auteur et illustrateur de deux ouvrages, *En chasse* (1882) et *Notions élémentaires de vénerie* (1885), Guillemot est un familier des veneurs, notamment du comte de Valon avec qui il correspond[25]. Il est en revanche moins connu dans le cercle des artistes animaliers, comme Gélibert ou Tavernier, qui exposaient au Salon. Ses œuvres, en dehors de celles que conserve la famille, sont aujourd'hui difficiles à localiser. Le baron Foy, figure légendaire du monde des courses à Chantilly, lui apporta son soutien, achetant des œuvres et finançant la parution de *En chasse.*

Vers 1880, il lui commanda un vaste *Découplé en forêt de Compiègne de l'équipage du marquis de l'Aigle*, que le musée ne put accepter, faute de place, lorsque sa fille proposa d'en faire don en 1936. Il fut plus facile à Hallo d'accueillir cette charmante esquisse représentant un piqueux en tenue jaune et bleu de l'équipage des Conti qui découplait en forêt de l'Isle-Adam. Elle constitue sans doute un élément préparatoire pour une composition historique se rapportant à ces chasses princières au XVIIIe siècle.

B. O.

25. Osmond (d'), 1892, p. 283-286.

LOUIS GUY
LYON, 1824 – LYON, 1888

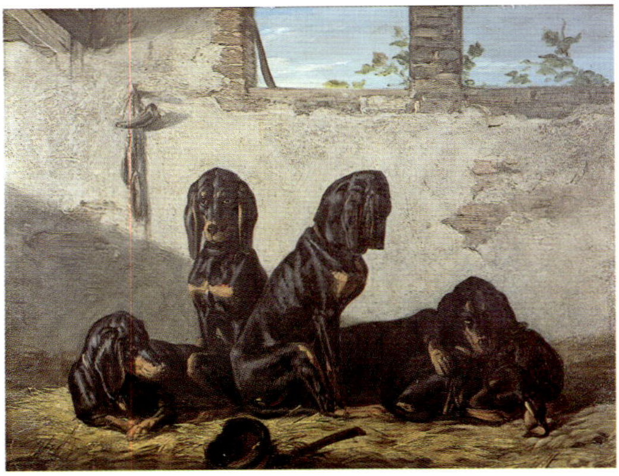

32 • *La Meute au chenil*
H. sur carton. 0,34 x 0,41
Inv. B 96

HIST. : acquis 1 500 F de Michel Binda, 1972

Louis Guy est à la fois enseignant, peintre animalier, paysagiste et portraitiste, dessinateur, graveur et sculpteur.
Son art à multiples facettes s'enracine dans une existence essentiellement lyonnaise, émaillée par des séjours dans la région environnante et, au cours des années 1870, à Paris.
La chasse aurait été l'un de ses sujets de prédilection, mais chiens, chevaux et gibier cohabitent sous ses pinceaux avec d'autres espèces animales, notamment les bovins qu'il réunit dans des scènes de marché (*Marché d'animaux à Arbresles*, Lyon, musée des Beaux-Arts).
D'ailleurs notre tableau, loin du caractère sportif ou solennel des scènes de vénerie, possède avant tout une dimension rurale.
Les chiens y sont au repos dans leur chenil, et non en action, sur la voie de quelque cerf. Ce sont des saint-hubert, race peu rapide mais que caractérise la finesse de son nez et dont l'usage a perduré jusqu'à la Première Guerre mondiale. L'ensemble, un peu sombre, est peint à la manière d'une scène de genre.
Peut-être s'agit-il du tableau exposé au Salon de 1870 sous le n° 1307 et titré *Le Chenil*.
La facture en est léchée et l'attention portée aux détails notable. On remarque en particulier la présence d'une corne d'appel, évocatrice de la fonction cynégétique des chiens, ou les herbes folles qui agrémentent les ouvertures du mur laissant transparaître le bleu du ciel.

B. O.

CHARLES-JEAN HALLO, DIT ALO
LILLE, 1882 – SENLIS, 1969

33 • *L'Attaque*
H. T. 0,460 x 0,615
S. b. d. : *Ch. Hallo*
Inv. V – 2000 - 20 – 1

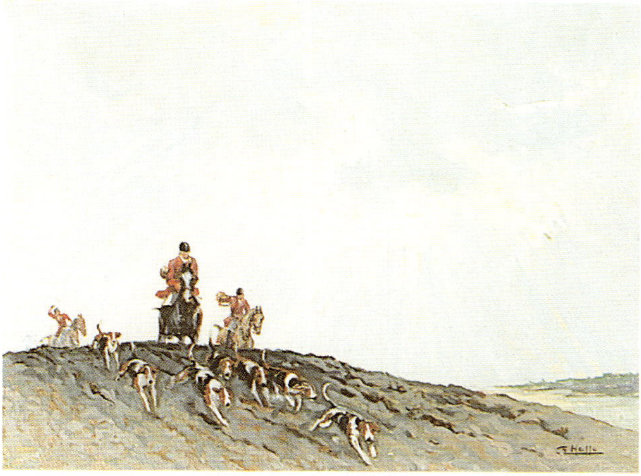

34 • *Louvetier à cheval*
H. B. 0,610 x 0,465
Monogrammé b. d.
Inv. B 51

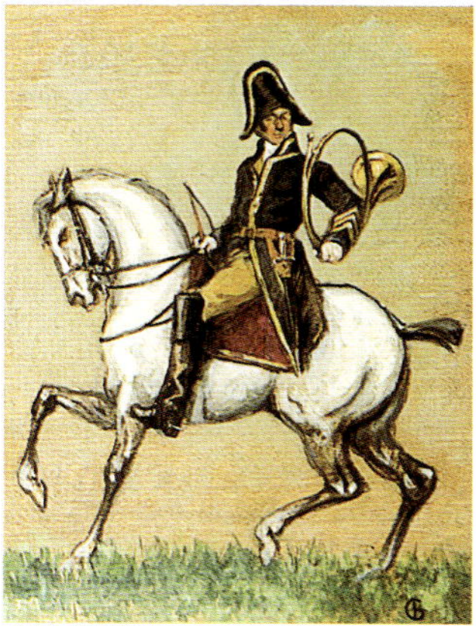

HIST. : don de l'artiste, 1939

Formé à l'école des Beaux-Arts de Dijon et de Paris, puis dans l'atelier de Cottet, Hallo commence sa carrière comme graveur. Vers 1920, il s'installe à Senlis que lui fait découvrir sa belle-famille. Sa production se diversifie. Il réalise de nombreuses illustrations de livres, souvent à partir de gravures sur bois, ainsi que des affiches touristiques, en particulier pour les chemins de fer. La proximité des forêts de l'Oise le conduit à se passionner pour la vénerie. En 1935, il crée le musée qui lui est dédié et introduit ce thème dans ses tableaux et dessins, à des fins artistiques ou pédagogiques. *L'Attaque*, ressortissant de la première catégorie, témoigne du difficile renouvellement de l'art cynégétique au XXe siècle. En revanche, son *Louvetier à cheval*, copié d'un

document que lui confie son ami, le veneur et érudit comte de Songeons montre d'indéniables qualités illustratives, celles qui ont fait le succès de l'ouvrage dont il a conçu le texte et les images, *De la cape à la botte*, consacré aux tenues de vénerie.
Ces œuvres s'inscrivent chez Hallo dans une volonté de remettre à l'honneur la vénerie, en un temps, les années 1930 et l'après-guerre, où son avenir paraît menacé.

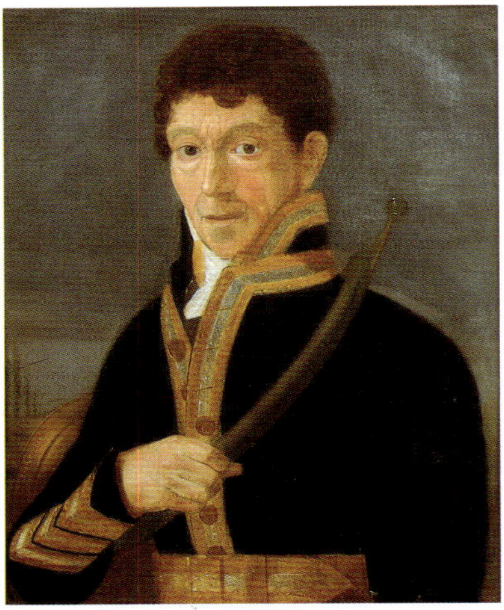

35 • *Louis-Marie Personne de La Chapelle de Songeons*
Copie d'après Mlle Lebeau
H. T. 0,655 x 0,545
Inv. 135

HIST. : don de l'artiste, 1943

BIBL. : Tremblot de La Croix, Tollu, 1988, t. I, repr. p. 1

EXP. : Gien, 1992, n° 89, p. 89

« Je n'ai comme document que le mauvais portrait de mon arrière-grand-père par la fille de son piqueux Lebeau. » Ainsi le comte René Personne de Songeons (1863-1941) répondait-il le 21 mai 1939 à Hallo qui sans doute le sollicitait pour illustrer, au sein du musée de la Vénerie, la louveterie dans l'Oise. Malgré leur amitié, Songeons, lui-même chasseur invétéré, ne semble pas avoir consenti à se séparer du portrait de son grand-père. Lancé dans sa quête documentaire et faute de pouvoir se procurer l'original, Hallo en fit une copie.
La famille Personne de La Chapelle[26] s'était établie sur le domaine de Songeons en 1778. Après avoir été capitaine de la petite vénerie de Louis XV, Louis Personne de Songeons (1760-1840) monta en 1784 son premier équipage voué au loup. Après avoir continué à chasser pendant la Révolution, il devint, en 1806, lieutenant de louveterie. Il s'illustra auprès du prince de Condé en lui offrant une partie de sa meute et son piqueux. En 1830, il réunit des chiens anglais servis par Lebeau. Le maître d'équipage est donc âgé quand Mlle Lebeau fit son portrait. Elle le dépeint, conformément aux prescriptions de l'ordonnance de 1814, en habit bleu avec collets et parements de velours bleu, galonné or et argent sur le devant et au collet, bouton de métal jaune, ceinturon en buffle jaune galonné comme l'habit.

B. O.

26. Girard, 1986 et 1990. Documentation communiquée par Éric Blanchegorge, conservateur du musée Vivenel, à Compiègne, installé dans l'hôtel des Bicquilley légué par le comte René de Songeons.

NÉLIE JACQUEMART
PARIS, 1841 – PARIS, 1912

36 • *Baron Gaston de Montesquieu et de Roquefort (1834-1908), maître d'équipage du rallye La Brède*
H. T. 0,325 x 0,223
Inv. V – 2000 - 5 – 1

HIST. : acquis à l'Hôtel Drouot, Paris, 1961

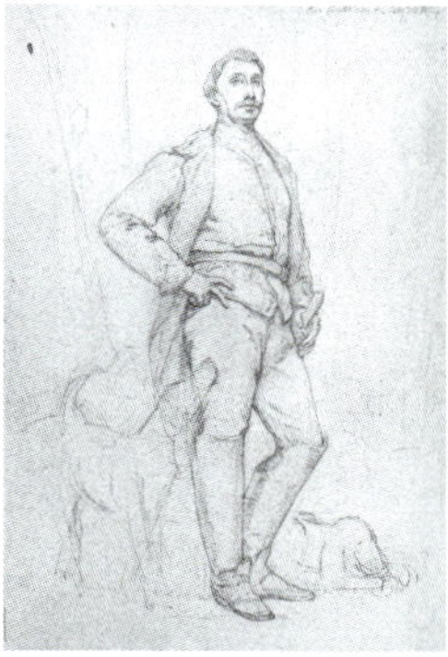

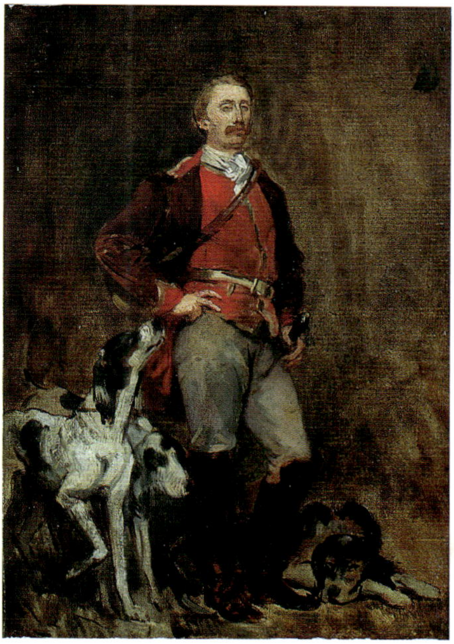

Dessin préparatoire, Paris, musée Jacquemart-André

Entrée comme anonyme dans les collections, cette esquisse est emblématique du destin artistique de son auteur[27]. Après son mariage en 1881 avec un homme fortuné, Édouard André, Nélie Jacquemart, alors au faîte de sa gloire, abandonne sa carrière de peintre pour se consacrer à la constitution d'une remarquable collection qui donnera naissance aux musées Jacquemart-André de Paris et de Fontaine-Chaâlis. Dispersé en de nombreuses mains privées, son œuvre sombre dans l'oubli et c'est par la connaissance de ses modèles que l'on parvient, comme dans ce cas précis, à lui attribuer des compositions non signées.
D'origine modeste, Nélie Jacquemart débute en 1863 au Salon où cinq ans plus tard elle devient célèbre avec ses portraits de personnages de la haute société. C'est probablement Mme de Vatry, propriétaire de l'abbaye de Chaâlis et éducatrice de Nélie dans son enfance, qui l'introduit dans les sphères du monde politico-financier et de l'aristocratie. En 1869, auprès du portrait de Victor Duruy, elle expose celui des enfants du baron Gaston de Montesquieu (dessin) et un an plus tard, celui de la baronne, née Mathilde de Rouzat. Son pendant, l'effigie de Gaston de Montesquieu, dans sa tenue de lieutenant de louveterie de la Gironde, couleur brun grenat pour la redingote, rouge pour le gilet et vert olive pour la culotte, figure au Salon de 1878. L'ensemble étant resté dans la famille jusqu'à nos jours, il a été facile de comparer

notre tableau au portrait achevé et d'en déduire le nom de l'auteur.

Bien que sombre, conformément au style du portrait académique de la seconde moitié du XIXe siècle, cette esquisse montre la science de Nélie Jacquemart, notamment sa maîtrise du dessin que les glacis ne dissimulent pas.

B. O.

27. Bautier, 1995.

LOUIS-GODEFROY JADIN
PARIS, 1805 – PARIS, 1882

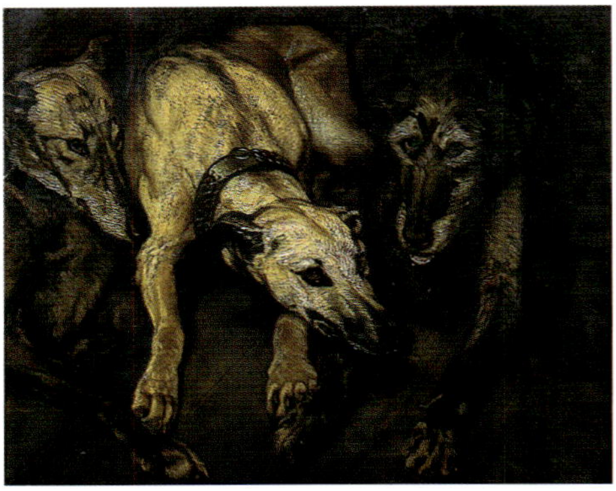

37 • *Lévriers russes*
H. T. 0,76 x 0,95
S. b. d. et dédicacé : *à Théophile Gautier son vieux camarade G. Jadin*
Inv. B 5

HIST. : collection Théophile Gautier, sa vente, Paris, Hôtel Drouot, 14-15-16 janvier 1873, n° 49, adjugé 4 800 F à M. Jacobi ; don Reyre au musée municipal, 1934

BIBL. : Drost, Heninges, 1992, note 106, p. 376

L'œuvre de Godefroy Jadin est bien représenté dans l'Oise. Les musées Jacquemart-André (Fontaine-Chaâlis) et Condé (Chantilly) détiennent des compositions cynégétiques commandées par le duc d'Orléans qui fut à l'origine de sa carrière officielle. Jadin fut en effet nommé peintre de la vénerie de l'Empereur, poste qu'il aurait occupé jusqu'en 1865[28]. Le musée national du Château de Compiègne expose plusieurs des œuvres qu'il produisit alors : des trophées de cerf en trompe l'œil, *La Retraite prise* (1853) et un *Rendez-vous de la vénerie au carrefour d'Achères* (1854) tandis que le musée de la Vénerie conserve deux études à la gouache pour les piqueux du *Rendez-vous à Achères* et les tableaux étudiés ci-après. Jadin, qu'Arsène Houssaye qualifiait de « Michel-Ange des chiens », se distingua également dans le domaine canin. Cette étrange composition fut la propriété de Théophile Gautier, chroniqueur régulier de ses envois au Salon, qui appréciait la pâte « ferme », la couleur « solide et forte dans sa mate épaisseur », la « vigueur » et la « force de réalité extraordinaire » de ses œuvres[29]. Autant de qualités présentes dans ce tableau sombre, où les chiens saisis en raccourci « méditent un bond prodigieux ou une course folle[30] ».

28. Valroger (de), 1948, p. 63.

29. Cité par Laubriet, 1988, p. 346.

30. Vente Théophile Gautier, 1873, p. VII.

38 • *Relais de chiens de la vénerie impériale à la coulée du Rocher de Mailly en forêt de Fontainebleau*

H. T. 0,845 x 0,162
Inv. R. F. 1959 - 21

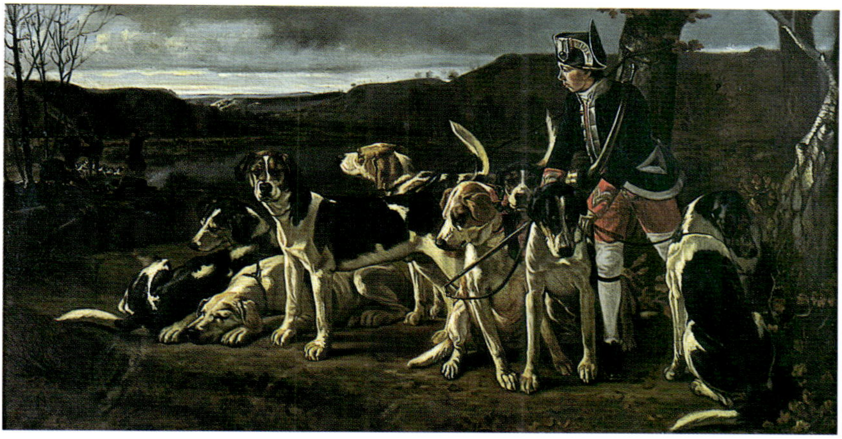

HIST. : acquis chez Alfred Loeb par le musée du Louvre en 1959 ; dépôt, 1959

Acquis en 1959 par le musée du Louvre pour être déposé à Senlis, ce *Relais de chiens* n'avait pas été identifié jusqu'à présent comme une version de taille réduite du tableau qui obtint la médaille de troisième classe au Salon de 1855 avant de rejoindre le musée d'Arras[31].

La scène se déroule en forêt de Fontainebleau qui, avec celles de Compiègne, Saint-Germain-en-Laye et Rambouillet, constitue le territoire des chasses de Napoléon III après avoir été longtemps celui des rois. Elle montre un épisode pacifique de la journée de chasse qu'affectionnent les peintres comme Olivier de Penne travaillant dans la mouvance de l'école de Barbizon. Un jeune valet[32] tient ses chiens couplés dans l'attente de relayer la meute. Il est revêtu de la tenue officielle[33] puisque Jadin représente ici un laisser-courre de l'Empereur. Au second plan, un veneur à cheval et ses chiens semblent chercher la voie de l'animal poursuivi. Le jour va tomber et le tableau a cette tonalité sombre et mélancolique, fréquente chez Jadin, qui se situe dans la parenté de la génération romantique et de Courbet.

31. 1,75 x 3,25, détruit.

32. Jadin, 1905, p. 7.

33. Les éléments de cette tenue sont : le bicorne galonné argent à cocarde tricolore, la veste courte verte, galonnée d'argent, à col droit et parements rouges, la cravate blanche, le gilet rouge, la culotte rouge (portée pour les chasses de l'Empereur), les bas blancs montant haut avec jarretières en cuir verni noir, les souliers noirs. *Ibid.*, p. 7.

39 • *Rocador, chien d'attaque de la Vénerie de Napoléon III*
H. sur carton. 0,555 x 0,460 (ovale)
S. b. d. : *G. Jadin à M. Guéroux [?] Souvenir affectionné de l'auteur G. Jadin*
Inv. B 47

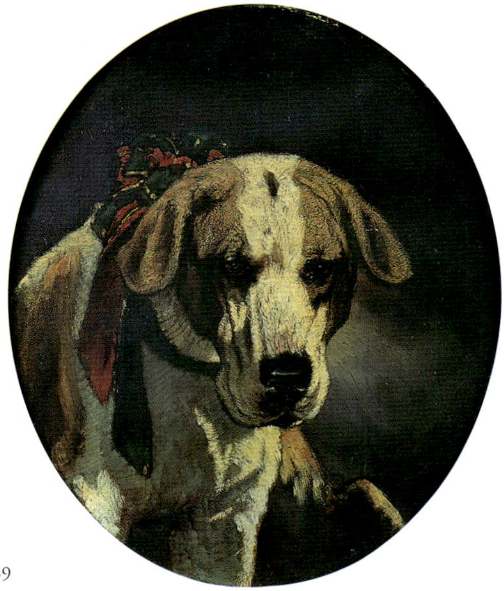

HIST. : acquis, 1939

Au Salon de 1859, Théophile Gautier remarque dans les têtes de deux chiens d'attaque de la vénerie de l'Empereur, Merveillau et Rocador, des « physionomies d'une individualité frappante », « des portraits non pas parlants mais aboyants ». L'emplacement actuel de ce tableau, diffusé en lithographie par la maison Goupil, n'est pas connu. Aussi est-il intéressant d'en posséder, au musée de la Vénerie, une version fragmentaire, sans doute une étude pour l'œuvre achevée. Le caractère athlétique du chien courant, son flair exceptionnel en font l'acteur principal de toute chasse à courre, digne d'être portraituré comme le serait un être humain. C'est la raison pour laquelle Jadin concentre son tableau sur la tête de l'animal, peut-être le plus valeureux de la meute puisque selon A. de La Rüe, le jour de la Saint-Hubert, « on attachait au cou du plus vieux, du meilleur des chiens, une cocarde de rubans aux couleurs nationales[34] ». Le ruban que porte Rocador est ici aux couleurs de l'équipage impérial, rouge et vert. Il a l'oreille haute et attachée des chiens rapides venus d'Angleterre. On sait en effet que le prince-président composa sa meute à partir de quarante chiens anglais que lui céda le marquis de l'Aigle.
En peignant des individus de la meute royale, désignés chaque fois par leur nom, Desportes et Oudry ont ouvert la voie à Jadin qui est leur successeur dans la représentation des chasses officielles.

B. O.

34. 1882, p. 289.

PHILIPPE LEDIEU
QUINCY, SEINE-ET-MARNE, 1805 – ?

40a • *Tête de chien de face*
H. sur papier marouflé sur T. 0,300 x 0,413
S. b. g. : *Ledieu*
Inv. V – 2000 - 13 – 1

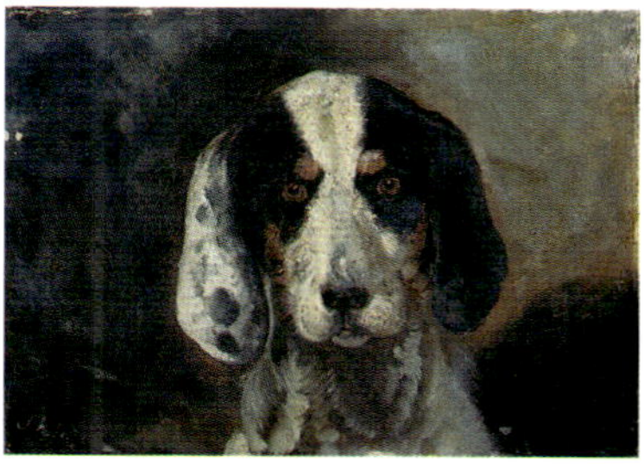

40b • *Tête de chien de profil*
H. sur papier marouflé sur T. 0,325 x 0,405
S. b. d. : *Ledieu*
Inv. V – 2000 - 13 – 2

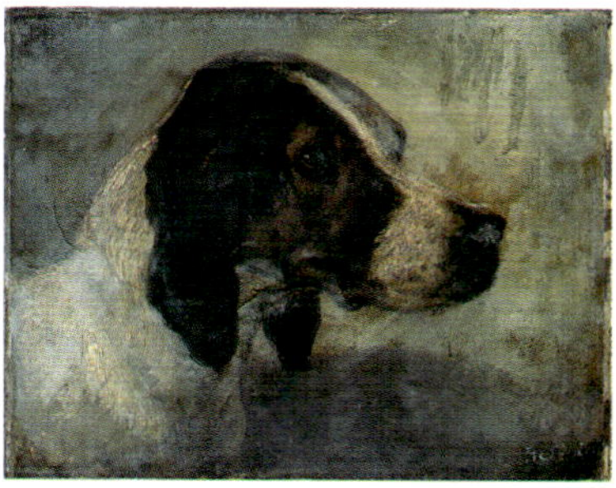

HIST. : acquis, 1961

Ces esquisses sont sans doute l'œuvre de Philippe et non de son frère Alexis Ledieu, plus spécialisé dans le paysage. Les renseignements sur cet artiste sont rares. Sous la monarchie de Juillet, il exposait au Salon des tableaux équestres et cynégétiques. Avec son frère, il est signalé « parmi les premiers habitués de Barbizon[35] », puis il aurait séjourné à l'auberge Ganne en 1848 et 1851. Son dernier envoi au Salon date de 1850.
Le département des Estampes de la Bibliothèque nationale conserve l'un de ses albums de lithographies, *La St. Hubert. Suite de 20 dessins de chasse au [sic] courre* (1842), représentant, couplés à des airs de fanfare, des équipages identifiables par les marques de leurs chiens. Cet ensemble, jugé par Thiébaud[36] comme la plus belle suite d'estampes consacrée à la chasse au cerf au XIXe siècle, dénote l'influence de Carle Vernet et de l'anglomanie. Des chiens font encore l'objet de plusieurs de ses lithographies[37] et envois au Salon. Dans la tradition de Desportes et d'Oudry, deux panneaux de 1846[38] figurant Ronfleau et Superbe marqués d'un « G » sont heureusement réapparus sur le marché de l'art.
Malgré les dommages causés par un nettoyage drastique, les modestes esquisses du musée de la Vénerie, montrent un excellent rendu de la physionomie du chien.

B. O.

35. Forges (de), 1962.
36. Thiébaud, p. 574-575.
37. *Cf.* Inventaire des graveurs français après 1800, Bibliothèque nationale de France, département des Estampes.
38. Vente Hôtel Drouot, 1981.

GABRIEL LEPAULLE
VERSAILLES, 1804 – AŸ, MARNE, 1886

41 • *Rendez-vous de chasse de l'Empereur Napoléon III à Pierrefonds*
H. T. 0,545 x 0,815
S. d. b. d. : *G. Lepaulle 1863*
Inv. B 6

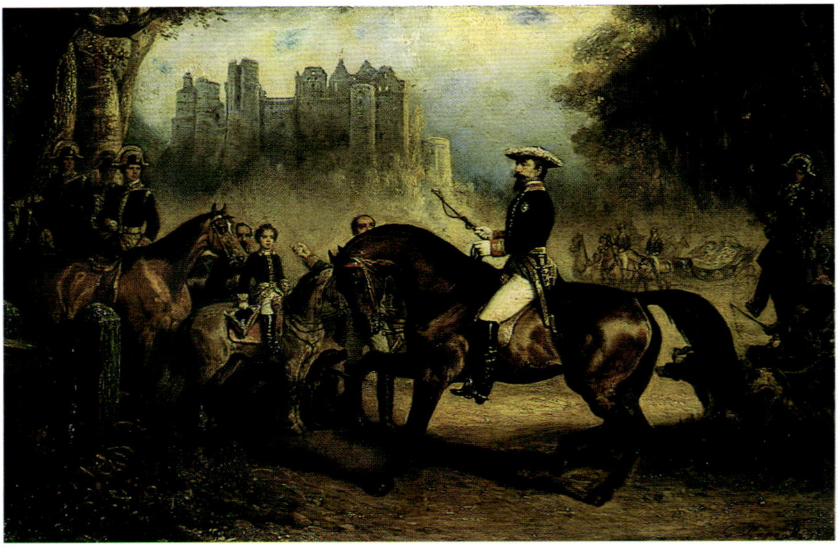

HIST. : don princesse Murat, née Ney d'Elchingen, 1935

BIBL. : Bernard, 1991, repr. p. 37

EXP. : Paris, Salon, 1863, n° 1184 ; Paris, 1943, n° 75 ; Beauvais, 1990-1991, repr. p. 63 ; Paris, 1999-2000, n° 21, repr. p. 68-69

Portraitiste, Lepaulle figure avec régularité au Salon entre 1824 et 1879. Moins fréquents, les tableaux cynégétiques de ce petit maître sont exposés sous la monarchie de Juillet et le Second Empire. Plusieurs figurent l'équipage des princes de Wagram. La vénerie impériale se manifeste à nouveau sous son pinceau avec cette représentation officielle de Napoléon III qui a repris l'organisation des chasses du Premier Empire. Il n'est pas exclu que l'œuvre ait appartenu aux Wagram puisque la princesse Murat[39], sa donatrice, leur était affiliée. Ce *Rendez-vous* est le dernier tableau cynégétique exposé par Lepaulle au Salon. Il réunit les éléments obligés d'une imagerie codifiée, héritée de l'ancienne monarchie. Comme les peintres des maisons royales, Van der Meulen et Martin, Lepaulle situe l'équipage impérial devant Pierrefonds, monument emblématique du règne. Le portrait équestre de l'empereur est érigé au premier plan. Coiffé du lampion Louis XV, le souverain porte l'habit vert à parements rouges, galonnés or et argent. La grande plaque de la Légion d'honneur se distingue clairement sur sa redingote. Des hommes de la vénerie, en bicorne, le petit prince sur son poney assistent comme lui au rapport. Dans le lointain se distingue un attelage où se tient probablement l'impératrice. Peut-être Lepaulle a-t-il voulu commémorer ici la première chasse en uniforme du prince impérial qui eut lieu le 11 novembre 1862.

B. O.

39. Épouse de Joachim Murat (1856-932), arrière-petit-fils du roi de Naples et de Caroline Bonaparte. Son beau-père épousa en premières noces Malcy de Berthier de Wagram. La princesse Murat était propriétaire des châteaux de Rocquemont et de Chambly. Elle fut vice-présidente de la Société des amis du musée.

ÉVARISTE-VITAL LUMINAIS
NANTES, 1822 – PARIS, 1896

42 • *Bien-aller*

H. T. 0,412 x 0,330
S. b. g. *: Luminais*
Inv. B 43

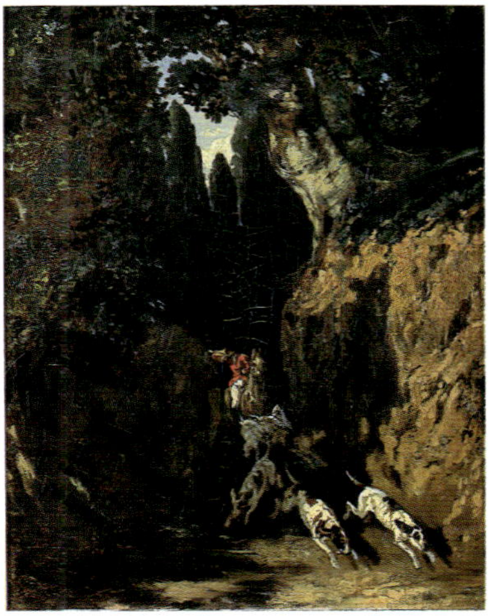

HIST. : acquis 450 F chez un antiquaire, avenue Duquesne, Paris, 1938

L'œuvre de Luminais, peintre de salon, est surtout connu pour sa vision de la France gauloise et mérovingienne : sa toile la plus célèbre, *Les Énervés de Jumièges* (1880, Rouen, musée des Beaux-Arts) dépeint ainsi le destin tragique des fils révoltés de Clovis II. Nouvelle dans la peinture, cette thématique se fait l'écho des publications que consacrent les historiens du XIXe siècle au passé national. Intéressé par l'évocation de scènes guerrières dans les temps reculés, Luminais poursuit cette veine à travers le thème des chasses, historiques (*Une chasse sous Dagobert*, Salon de 1878, localisation inconnue) ou contemporaines (*Retour de chasse*, Salon de 1861, Nantes, musée des Beaux-Arts), qui occupe une part importante de sa production. Mais le naturalisme trouve aussi sa place chez celui qui fut à la fois élève du peintre d'histoire Cogniet et du paysagiste Troyon. Le tableau de petit format du musée de la Vénerie n'est pas sans rappeler les recherches des peintres de l'école de Barbizon. Le cavalier en tenue rouge et ses chiens qui surgissent sont, en même temps qu'une note colorée, l'élément anecdotique qui anime un cadre naturel, sombre et oppressant.

B. O.

LUNA (?)

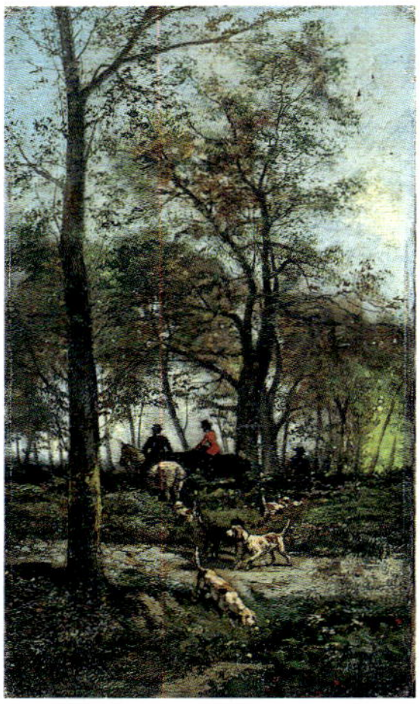

43 • *Bien-aller*
H. T. 0,46 x 0,27
S. b. d. : *Luna* (?)
Inv. B 77

HIST. : acquis 2 500 F, 1954

Georges de Lastic crut déceler dans la signature de ce petit tableau, que son prédécesseur considérait comme une œuvre de l'école de Descamps, le nom de Luna. Ce déchiffrage est malheureusement incertain et faute d'avoir accès aux œuvres de Charles Luna, auteur de scènes militaires et de chasses au milieu du XIXe siècle ou de son fils, Victor de Luna, il nous paraît difficile de confirmer cette attribution, d'autant qu'un « A. » semble précéder la signature de l'œuvre.

B. O.

PAUL MAGNE DE LA CROIX
?, 1875 – ?

44 • *Retour de chasse au loup*
H. T. 0,29 x 0,465
S. b. g. : P. Magne de la Croix
Inv. B 19

HIST. : don de l'artiste, 1936

« Artiste peintre, je vis depuis de longues années à l'étranger, d'où je ne suis revenu que pour la guerre ; quand j'étais en France je m'étais spécialisé dans les scènes de vénerie, je fis partie de la réunion des peintres de chevaux (Grand Palais) et de celle des peintres de vénerie (Orangerie) j'ai de plus exposé à la Société nationale des Beaux-Arts et au Salon d'automne dont je suis sociétaire. » C'est en ces termes que Magne de La Croix se présente à Hallo dans un courrier du 20 janvier 1935 afin de lui proposer le don de plusieurs de ses œuvres : « Un retour de chasse au loup, deux épreuves d'une

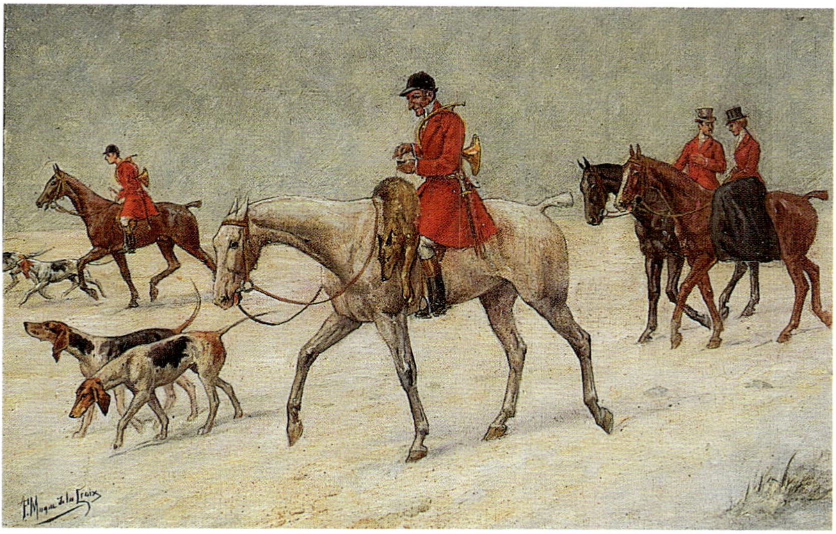

estampe..., un croquis de dix-cors et des croquis de chiens de l'équipage de Madame la duchesse d'Uzès. » Peu après, il publie dans la revue *Polo y campo* (1936, p. 25-26) de Buenos Aires où il vit, un article sur la vénerie et son premier musée, illustré par plusieurs de ses œuvres. La somme des connaissances sur cet artiste se résume à ces rares informations et son œuvre reste à découvrir. La reproduction du tableau *Les Honneurs du pied* (*ibid.*, p. 25) évoque le style de Pinchon tandis que le *Retour de chasse au loup* adopte le style plus neutre d'une illustration dérivée des modèles du XIXe siècle.

B. O.

PIERRE-DENIS MARTIN
PARIS, 1673 – PARIS, 1743

45 • *Chasse de Louis XIV à Chantilly*
H. T. 0,57 x 0,85
Inv. B 36

HIST. : acquis par l'intermédiaire de V. Stern et F. Robertet auprès de M. Bastide, antiquaire à Avignon, pour la somme de 5 000 F en 1937, avec le concours de divers donateurs

BIBL. : Hallo, 1953, p. 59 ; Chabrol, 1961, repr. p. 18 ; Le Guen, n° 120, 1995, repr. p. 56 ; Deschodt, 1996, repr. p. 170 ; Babelon, 1999, repr. p. 94

EXP. : Berlin, 1937, n° 185, p. 21 ; Paris, 1943, n° 130 ; Beauvais, 1990-1991, repr. p. 23

C'est sans doute la visite, relatée dans *La Gazette* et racontée par Mme de Sévigné, que Louis XIV rendit au Grand Condé le 23 et le 24 avril 1671, et surtout la chasse qui eut lieu à l'occasion qui se trouve représentée dans ce tableau longtemps attribué à Van der Meulen et que nous rendons à Pierre-Denis Martin.

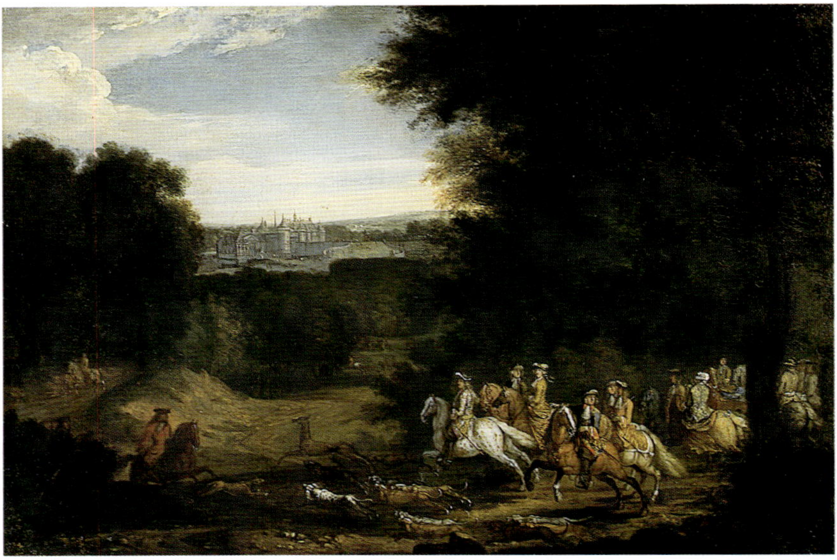

Le vendredi 24 avril avant midi, le roi, en marron foncé, courut le cerf. Il était accompagné par le prince et la princesse de Condé, en tenue ventre-de-biche ; le grand veneur arborait l'uniforme bleu de roi avec broderies. Le cerf est dit « mulet » (ses bois sont tombés et non encore « refaits » ce qui est normal en avril) ; il porte une tache blanche sur le nez ; le peu de distance qui le sépare des chiens permet d'apprécier le moment représenté comme celui de l'hallali courant. Martin a situé la scène à l'orée de la forêt au sud du château, près du vieux chemin de Coye, à proximité de l'avenue du Connétable[40], une allée rectiligne qui conduit directement de la forêt à la terrasse. L'angle choisi permet de détailler les travaux de l'avant-cour achevés en 1673 par Gittard sur les plans de Le Nôtre. L'emploi de tons soutenus suggère l'atmosphère très particulière de l'endroit. À l'ouest du Vieux-Château, le Petit-Château, construit au XVIe siècle par Jean Bullant est bien visible. Un autre élève de Van der Meulen, Sauveur Le Comte, réalisa dans cet édifice les tableaux de la galerie, ensemble achevé après sa mort en 1694 par Jean-Baptiste Martin. Le tableau, peint à titre commémoratif dans les années 1690, préfigure les dessus-de-porte commandés pour l'hôtel du Grand-Maître à Versailles à Jean-Baptiste et Pierre-Denis Martin[41] en 1724 par le duc de Bourbon, alors Premier ministre de Louis XV (Versailles, hôtel de ville). En 1725, Pierre-Denis toucha la somme de 5 500 livres de la part des Bâtiments du Roi pour des vues de Chantilly et de Fontainebleau (non localisées). Le Mobilier national conserve un dessin de Pierre-Denis Martin représentant Chantilly après sa reconstruction à partir de 1687, probablement préparatoire à cette œuvre.

D. B.

40. Renseignements fournis au musée de Senlis par M. Peloye.

41. Coural-Starcky, 1988, n° 226.

46 • *Rendez-vous de chasse à Bougival*

H. T. 2,626 x 4,659
Inv. B 61

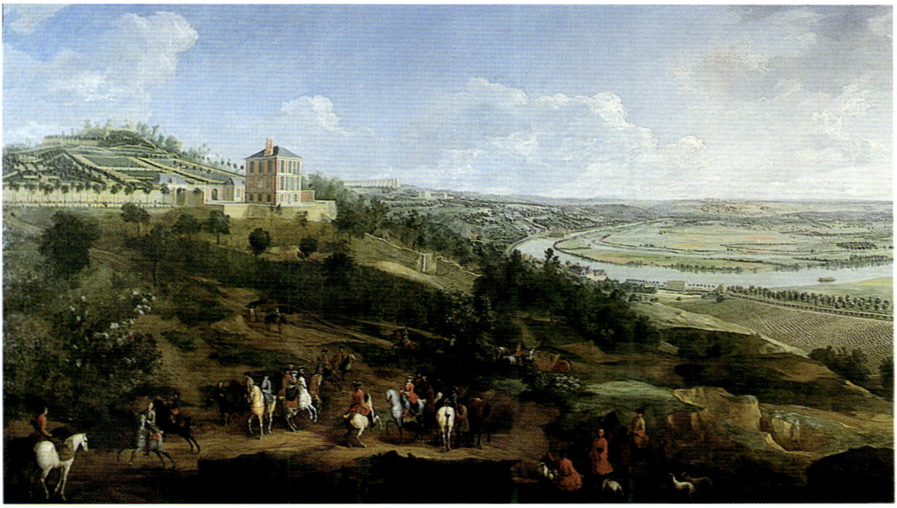

HIST. : acquis par le banquier Edgard Stern probablement pour décorer la salle à manger du château qu'il a construit sur le domaine de Villette (Pont-Sainte-Maxence) acheté en 1900 ; don Mme Edgard Stern, 1950

BIBL. : Hallo, 1951, rééd. 1999, p. 61

C'est G.-M. de La Jonchère, officier de finances, devenu trésorier général de la Caisse de l'extraordinaire des guerres, qui fit agrandir le château de La Jonchère[42] dont il devint locataire, avec le pavillon de La Chaussée, en 1717. Embastillé sous la Régence et finalement acquitté en 1725, il en devint nu-propriétaire en 1743. Fort attaché à ces lieux, c'est sans doute entre 1725 et 1739[43] qu'il fit appel, pour obtenir le « portrait » du château[44], à Pierre-Denis Martin. Le tableau était vraisemblablement destiné à décorer l'une de ses salles. Formé à partir de 1694 par son homonyme Jean-Baptiste Martin dans la tradition de la peinture de batailles et des Maisons royales, instaurée aux Gobelins par Van der Meulen, Martin a su tirer parti de la position dominante du château au-dessus de la Seine pour détailler tout ce qui, à titre topographique ou architectural, participait à la beauté du site.

Au centre, on discerne l'aqueduc de Louveciennes, le château de Voisins, propriété du marquis de Cavoye, le pavillon des Eaux devenu en 1768 la résidence de Mme du Barry. Suivent les installations de la machine de Marly descendant jusqu'à la Seine et, plus loin, à l'horizon, le Château-Vieux et le Château-Neuf de Saint-Germain-en-Laye. Au-dessous, s'étendent la forêt du Vésinet et la plaine de Croissy, ainsi que de vastes

vignobles, tandis qu'au pied de La Jonchère, on peut repérer le château de La Chaussée.
La chasse se déroule au tout premier plan. La couleur des tenues n'est sans doute pas alors si codifiée que l'on puisse identifier l'équipage du roi en bleu, celui du comte de Toulouse en rouge, celui des princes de Condé en ventre-de-biche et amarante.
Plusieurs tableaux de Martin[45] représentent quelques-unes des chasses très fréquentes qui partaient du château royal de Marly tout proche. Il existe encore à Louveciennes un chemin de La Chasse-du-Roi qui relie le rond-point de la grille royale du parc de Marly et les bas de Louveciennes et de Bougival.

D. B.

42. Les renseignements sur La Jonchère ont été donnés à Senlis par M. Pelzer.

43. En effet, sur la toile ne figure pas encore l'église Saint-Wandrille du Pecq, construite seulement en 1739.

44. Le Mobilier national conserve un grand dessin de Pierre-Denis Martin montrant précisément La Jonchère. L'œuvre est évidemment à mettre en rapport avec le tableau de Senlis, sans être une étude préparatoire au sens strict, mais plutôt une première pensée pour une composition finalement abandonnée au profit de la version de Senlis. Coural-Starcky, 1988, n° 228.

45. Musée-promenade de Marly-le-Roi-Louveciennes et collection particulière.

AUGUSTE DE MOLINS
1821 - 1890

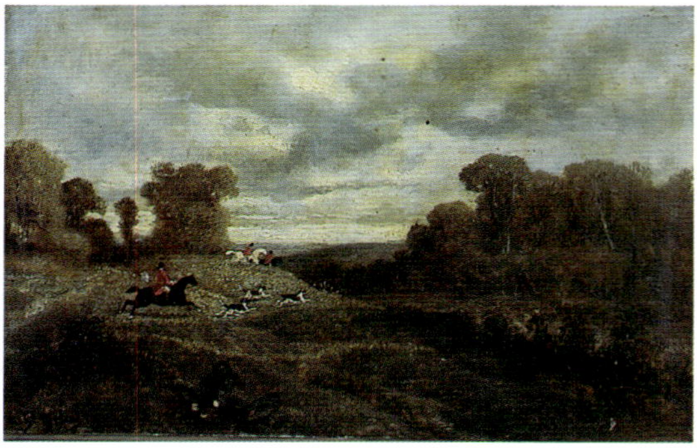

47 • *Débuché*
H. T. 0,207 x 0,327
S. b. g. : *A. de Molins*
Inv. B 48

HIST. : Adolphe Le Goupy, Paris ; don Fould-Springer, 1939

EXP. : Paris, 1943, galerie Charpentier

Ce tableau, que l'on peut dater de la première moitié du XIXe siècle, provient de chez Adolphe Le Goupy, l'un des plus importants marchands de tableaux de chasse au XIXe siècle. De petit format, il montre d'anonymes veneurs en tenue rouge qui chevauchent dans un paysage sans caractère particulier. Son auteur, qui figure sous plusieurs noms (Alfred de Moline, A. de Molint, Auguste de Molins) au Bénézit, est dit « peintre de sujets de chasse et de paysage ». La matière picturale de ce *Débuché* a malheureusement été appauvrie par un nettoyage trop poussé.

B. O.

HENRI D'AINECY, COMTE DE MONTPEZAT
PARIS, 1817 – ?, 1859

48 • *Rendez-vous de chasse des Princes à la Croix de Noailles en forêt de Saint-Germain-en-Laye*

H. T. 1,30 x 1,63
S. b. g. : *Cte de Montpezat*
Inv. 6779

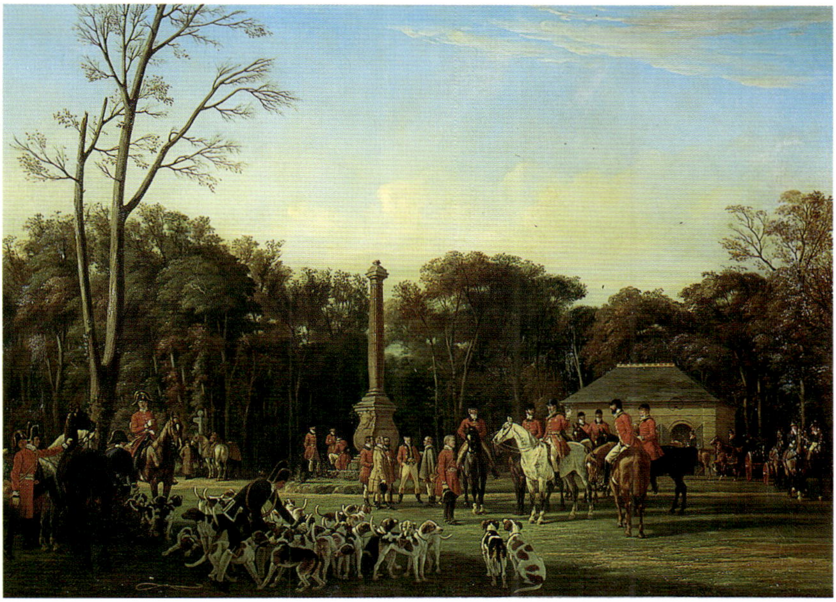

HIST. : acquis 900 F par la Maison du roi, 1846 (archives des Musées nationaux, P6, 18/17/1846) ; dépôt musée du Louvre, 1999

BIBL. : Compin, Roquebert, 1986, t. IV, p. 113

EXP. : Paris, 1999, n° 18, repr. p. 63

Si Louis-Philippe supprima la vénerie royale, trop fastueuse, il ne put s'opposer à l'instauration d'une vénerie des Princes, initiée par son fils aîné, le duc d'Orléans qui la partagea avec ses frères, le duc de Nemours, le prince de Joinville et le duc d'Aumale. En 1841, un laisser-courre des princes à Chantilly fut l'occasion de mondanités où le plaisir tint lieu de préoccupation cynégétique. L'uniforme rouge des cavaliers fut alors jugé comme une « copie maladroite de l'habit de chasse anglais[46] ». Notre tableau fait état de l'anglomanie des tenues princières. Cependant le personnel arbore le bicorne et la couleur bleue, mieux accordés aux traditions de la vénerie de l'Ancien Régime.
La scène se déroule en forêt de Saint-Germain où il arrivait que l'équipage des Princes découplât. Elle a été peinte après le décès de Ferdinand survenu en 1842. Seuls ses

frères y figurent. Au pied de la croix de Noailles se tient le duc d'Aumale tandis que les deux cavaliers au rapport sont le duc de Nemours et de profil, à sa gauche, le duc de Joinville.
Contrairement à ses contemporains, Carle Vernet ou Alfred De Dreux, qui concilient une représentation sociale et sportive de la chasse, Montpezat se concentre sur son caractère mondain et officiel. Il fut, au cours de sa brève carrière, le portraitiste de l'aristocratie princière européenne.

B. O.

46. Chapus, 1853, p. 256.

JOSEPH OBERTHÜR
RENNES, 1872 – CANCALE, 1956

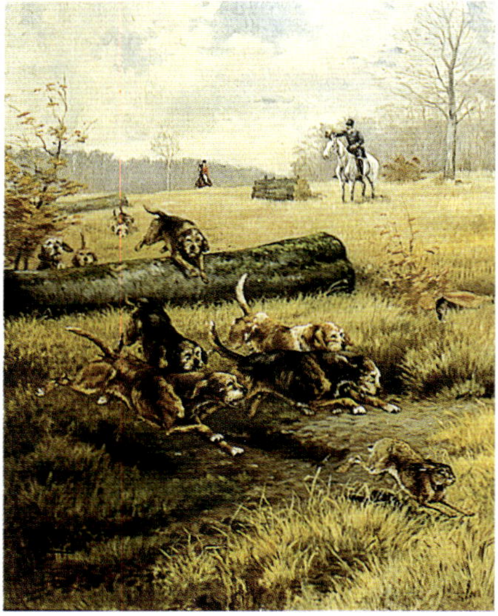

49 • *Hallali courant de lièvre en forêt de Rennes par le rallye Thorigné*
H. T. 0,81 x 0,65
S. d. b. g. : *J. Oberthür/96*
Inv. B 15

HIST. : don de l'artiste, 1935
EXP. : Rennes, exposition des Beaux-Arts, 1897, n° 129

Issu d'une importante famille d'imprimeurs installée à Rennes, le docteur Oberthür dirige une clinique neurologique parisienne. Cette activité professionnelle ne l'empêche pas de se vouer à l'art animalier et à la chasse à courre qu'il pratique dans l'ouest de la France. Recherché des bibliophiles, il est l'auteur et l'illustrateur de nombreux ouvrages, notamment *Le Monde merveilleux des bêtes* en 12 volumes.
Karl Reille, artiste cynégétique réputé, pensait que « ceux qui s'intéressent à la nature devraient lire et surtout regarder J. Oberthür[47] ». Sollicité par Hallo pour enrichir les collections du musée qui vient de se constituer à Senlis, Oberthür l'honore de quatre de ses tableaux. Il est alors presque au soir de sa vie active.

Pour Éric Morin[48], « la vénerie lui offre l'occasion d'exprimer son appartenance à un milieu social privilégié ». Retraçant sa biographie, il écrit encore : « Adolescent, il s'initiait déjà, ainsi que son frère aîné Louis, à la chasse au lièvre ou au chevreuil. Titulaires du permis, ils ne tardent pas à réunir une meute de chiens griffons fauve de Bretagne qui se déploie dans les massifs forestiers de Rennes ou de Paimpont ainsi que sur les terres des propriétés familiales. Bientôt c'est un nouvel équipage qui est constitué en association : le rallye Thorigné. »
Cet équipage de lièvre (1891-1900), l'un des meilleurs de France, sous le fouet de M. Goupil, a été décrit par Oberthür dans son ouvrage *Chasses et pêches.* Il est l'objet du plus ancien de ses tableaux conservé au musée. La tenue en est bleue à col et revers beige, et le bouton à tête de lièvre sera repris par le comte du Boispéan lorsqu'il créera le rallye L'Orgerays.

H. T. C.

47. Cité par A. Reille, 1993, p. 13.
48. Morin, 1994, p. 36.

50 • *Hallali d'un solitaire en forêt d'Orléans par le rallye Gallerand*

H. T. 0,50 x 0,72
S. d. b. g. : *J. Oberthür/31 déc. 1912*
Inv. B 16

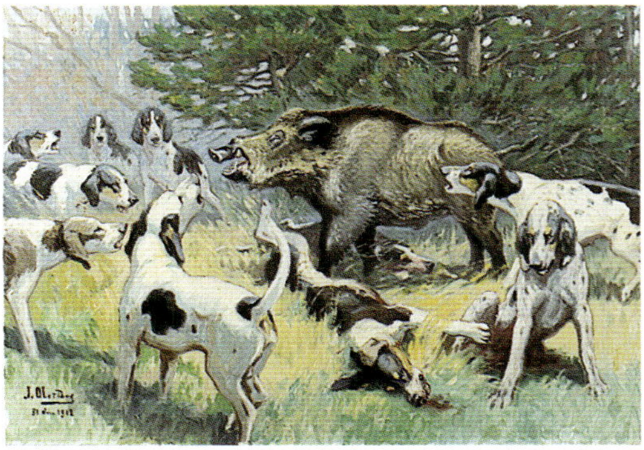

HIST. : don de l'artiste, 1935

Après son installation à Paris et jusqu'à la veille du premier conflit mondial, Oberthür fréquente assidûment les milieux de vénerie, loue des domaines et participe à des équipages. Il y consacre beaucoup de temps et de moyens. Il faut rappeler que c'est alors l'un des âges d'or de la vénerie française jusqu'à ce que la Première Guerre mondiale décapite l'élite de la nation et de tous les équipages de France dont un tiers seulement subsistera, jusqu'aux années 1960.
Le rallye Gallerand (1910-1914) qu'Oberthür monte avec son frère Henri, est le sujet de cet *Hallali* du 31 décembre 1912, au cours duquel 9 chiens furent tués. Ce vautrait,

composé de trente bâtards bretons, gascons et anglais, est logé à Chilleurs-aux-Bois (Loiret) pour découpler uniquement sur le sanglier dans le lot de Cercottes de l'immense forêt domaniale d'Orléans et à Gallerand dans le domaine de Chamerolles. Les veneurs portent une tenue noire à col, parements, gilets et culotte bleus.
Ce vautrait est vendu au début de 1914 au comte Jaclot de Potier qui a été associé au rallye Gallerand et dont le rallye Bon Courage ne survécut pas à la guerre.

H. T. C.

51 • *Bat l'eau de cerf à l'étang de Fontenay par les rallyes Écouves et Sapinette*

H. T. 0,81 x 1,00
S. b. g. : *J. Oberthür*
Inv. B 14

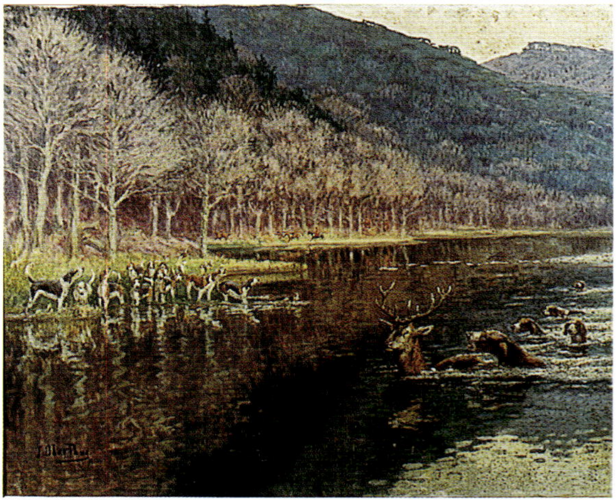

HIST. : don de l'artiste, 1935

Dans ce tableau qui représente l'étang de Fontenay situé au fond d'une combe profonde de la mystérieuse forêt d'Écouves en Normandie (Orne), un cerf vient battre l'eau devant les chiens des rallyes Écouves et Sapinette, en janvier 1932. Ces deux équipages découplent ensemble de 1930 à 1932, chacun conservant sa tenue respective.
Le rallye Sapinette a été fondé en 1862 par le comte d'Andigné pour chasser le chevreuil dans la Sarthe, il est repris par son petit-fils, le comte Henri d'Andigné, l'un des plus fins veneurs de l'entre-deux-guerres et de plus président de la Société de vénerie française. Sa tenue est rouge, à parements, gilet, col et culotte bleu roi avec galons ; et ses chiens sont alors de race saintongeoise. Cet équipage met bas en 1933. Oberthür écrit à propos de la forêt qui encadre cette scène : dans l'Orne, « il reste Écouves, centre de la Suisse normande, forêt pénible pour les chevaux, difficile à suivre, mais si belle, où j'ai vu prendre tant de cerfs magnifiques[49] ». Quant au rallye Écouves, le deuxième équipage, il figure aussi dans le *Bat l'eau de cerf dans l'étang de Sillé* (cat. n° 52).

H. T. C.

49. 1940, rééd. 1971, livre III, « La forêt et ses hôtes », p. 174.

52 • *Bat l'eau de cerf dans l'étang de Sillé par le rallye Écouves*
H. T. 0,330 x 0,555
S. b. g. : *J. Oberthür*
Inv. B 17

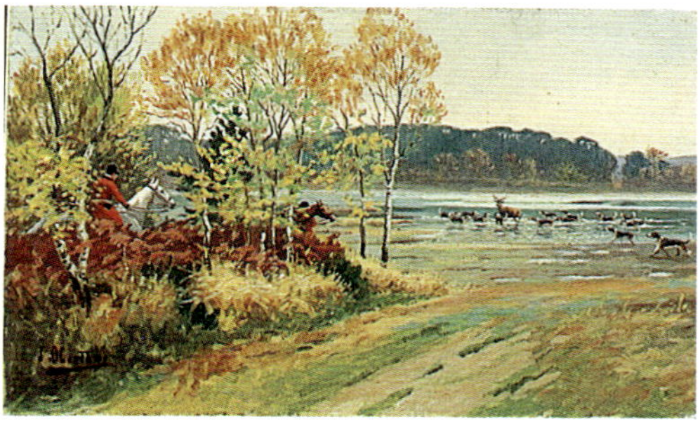

HIST. : don de l'artiste, 1935

Le paysage de ce *Bat l'eau*, qui se déroula à la Saint-Hubert (1934) du rallye Écouves, en forêt de Sillé-le-Guillaume (Sarthe), est bien dégagé ainsi que le remarque Oberthür : « Dans la Sarthe, comme forêt à cerf, il y a Sillé au Nord, où il n'y a presque plus d'arbres, mais des rochers, des bruyères et des étangs, pays de panoramas incomparables, avec un grand nombre de cerfs de grande taille couronnés de bois superbes[50]. » Oberthür devient bouton du rallye Écouves en 1925. Il peut ainsi parcourir tous les territoires situés dans l'Ouest et le Centre. Ce bel équipage a été fondé par son ami le baron de Layre, en 1894, sous le nom d'équipage de Beaumont-les-Autels (Eure-et-Loir), nom de sa propriété, et il chasse avec des chiens de race poitevine. Sa tenue est rouge, avec col, parements, gilet et culotte vert foncé, avec galons. Cet équipage prend le nom de rallye Écouves en 1920, lorsque remonté après-guerre, il se met à chasser plus spécialement dans cette forêt. Il est démonté en 1936.

H. T. C.

50. 1940, rééd. 1971, livre III, « La forêt et ses hôtes », p. 17.

JEAN-BAPTISTE OUDRY
PARIS, 1686 – BEAUVAIS, 1755

53 • *Chien à la jatte*
H. T. 1,15 x 1,31
Inv. 7036

HIST. : entré dans les collections nationales avant 1819 ; envoyé de Versailles au Louvre, 1819 ; dépôt, faisanderie de Compiègne, 1827 ; revenu au Louvre à une date inconnue ; dépôt aux Tuileries pour orner une cheminée du duc de Nemours, 1845 ; revenu au Louvre, 1848 ; dépôt dans les appartements du marquis de Toulongeon, aide de camp de l'Empereur, 1864 ; revenu au Louvre, 1870 ; dépôt, château de Compiègne, 1922 ; dépôt, 1956

BIBL. : Villot, 1855, t. III, n° 391 ; Brière, Communaux, 1925, n° 208 ; Vergnet-Ruiz, 1930, t. II, p. 164, n° 150 ; Lastic, 1955, p. 29-30, repr. ; Rousselot, 1967, repr. p. 198 ; Opperman, 1977, t. II, n° P 425, repr. ; Foucart-Walter, 1986, t. V, p. 313

EXP. : Paris, 2000, p. 136, repr. p. 70

Ce tableau a été légèrement agrandi afin de masquer sa forme chantournée qui s'adaptait parfaitement au format d'une cheminée. La composition originale (Glasgow, Art

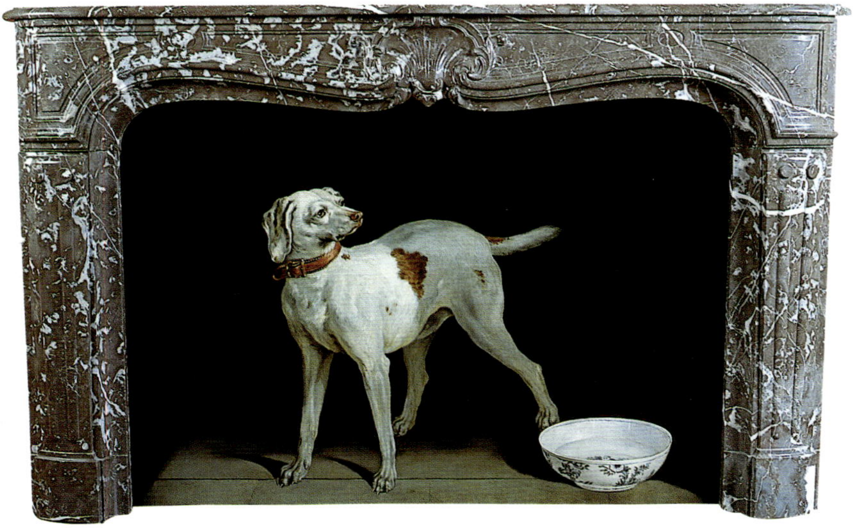

Gallery and Museum) a été présentée au Salon de 1751 et cette réplique de très haute qualité a certainement été peinte peu après par Oudry lui-même. Les premiers exemples de toiles peintes qui servaient de devants de cheminée datent de la seconde moitié du XVIIe siècle. Le *Mercure de France* de 1673 précise que « chez les gens de qualité on ne fermait plus les cheminées pendant l'été avec des volets de bois ou de fer, et on les laissait ouvertes et on faisait attacher dans le fond des perspectives peintes sur des toiles et l'on y mettait aussi ou des petits rochers ou des pots de fleurs ou de verdure ». Rapidement ces « perspectives » laissèrent la place à de véritables panneaux qui masquaient totalement l'ouverture de la cheminée. Au début du XVIIIe siècle, ils ont connu un essor qui accompagnait le goût grandissant pour le trompe-l'œil : « Les peintres imaginent la cheminée vide et ils se servent de cet espace imaginaire pour y agencer en un savant désordre de véritables natures mortes. Ce sont des objets choisis pour la beauté de leur matière, de leur couleur, de leur pittoresque, ou bien en accord avec la destination de la pièce, [...], ou encore allusion discrète aux goûts ou aux occupations de leurs clients[51]. » *La Nappe servie* (1737, Chicago, Art Institute) de Chardin ou le *Tabouret de laque* (1742, coll. part.) peint par Oudry pour Watelet sont parmi les plus beaux exemples de ces « natures mortes de cheminée ». Oudry choisit de rompre avec ce genre de composition pour représenter un chien d'arrêt, seul à côté d'une jatte de porcelaine sur un fond neutre. À la suite d'Oudry, plusieurs artistes – principalement Roland de La Porte, Jeaurat de Bertry et Vallayer-Coster – continuèrent cette production spécifique de devants de cheminée mais aucun ne représenta ce que l'on peut appeler un portrait de chien même si, dans certaines toiles, des chiens peuvent à l'occasion se trouver parmi d'autres éléments de trompe-l'œil.

P. J.

51. Lastic, 1955, p. 28.

JEAN-BAPTISTE OUDRY (ATTR. À)
PARIS, 1686 – BEAUVAIS, 1755

54 • *Tête de loup*
H. T. Diam. 0,59
Inv. V – 2000 - 14 – 1

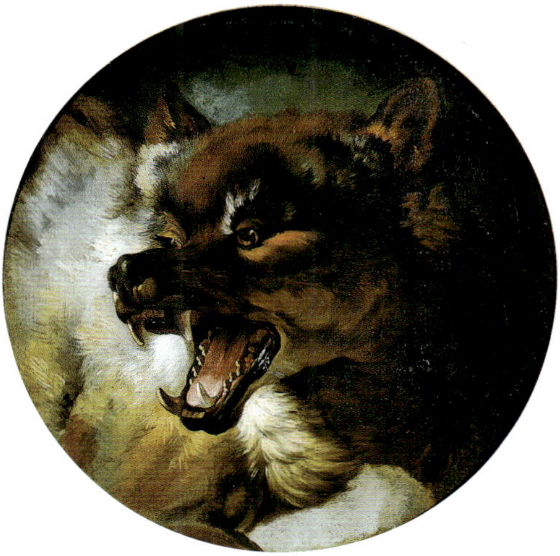

HIST. : collection Armand Fréret ; don Paul Marcus, 1961

Les recherches menées dans le registre de la tête d'expression ont eu, comme le prouve cette *Tête de loup*, un écho chez les peintres animaliers qui, en particulier dans les scènes d'hallali où l'animal est assailli par la meute, figurent des sentiments extrêmes : sauvagerie, douleur, terreur. Lors de son entrée dans les collections, ce tableau était attribué à Oudry. À l'arrière de la toile, une annotation[52], au libellé peu clair, mentionne le nom de Christophe Huet. Doit-on penser qu'il faille lui rendre cette *Tête de loup* ? Un siècle après les études de Dimier[53] qui souhaitait voir cet artiste « reprendre, parmi les peintres du XVIIIe siècle français, auprès de Watteau et Gillot d'une part [pour ses chinoiseries], de Desportes et d'Oudry de l'autre [pour ses animaux], une place honorable et distinguée », ses tableaux sont malheureusement toujours aussi rares. La récente apparition d'une œuvre signée et datée, *Chiens gardant un sanglier* (1731, localisation actuelle inconnue), montrait une nouvelle fois le tribut de Christophe Huet à l'égard des deux peintres des chasses royales, confirmant par-là même les difficultés d'attributions pour ses tableaux, comme celui-ci, non signés.
On ne peut exclure que cette *Tête de loup*, attribuée à Oudry, ait appartenu à Huet dont l'inventaire après décès du 22 mai 1759 mentionne différentes œuvres qui n'étaient pas de sa main, en particulier de Desportes. Savoir si elle se rattache à une commande pour Choisy est une autre difficulté puisque le spécialiste d'Oudry, Hal Opperman, ne paraît pas en faire état dans sa thèse.

B. O.

52. *Jean-Baptiste Oudry (attr. à)/Christophe Huet/École française 1759/Ancienne collection/Armand Fréret – Étude de tête de loup/pour le tableau exécuté/pour Louis XV à Choisy/en 1751.*
53. Dimier, 1895, p. 496.

GUSTAVE PARQUET
BEAUVAIS, 1826 – PARIS, 1908

55 • *Relais de chevaux de la vénerie impériale devant le château de Pierrefonds*
H. T. 0,815 x 1,190 ; Inv. B 59

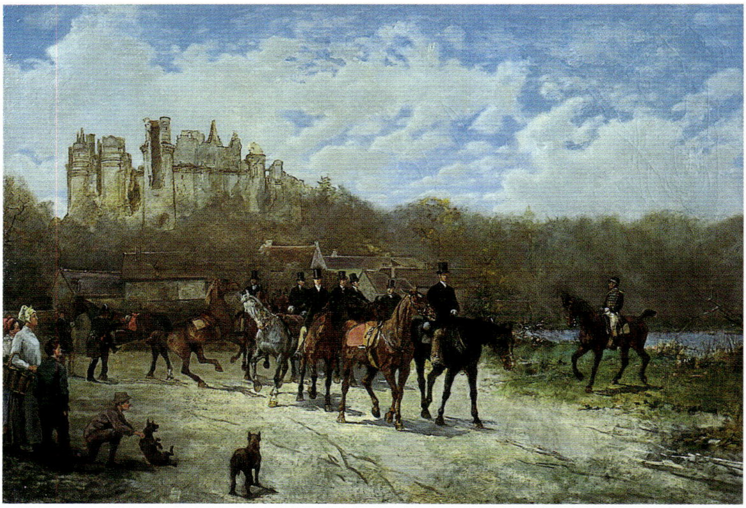

HIST. : don commandant Parquet, fils du peintre, 1949
BIBL. : Valroger (de), 1948, n° 173 ; Hallo, 1951, rééd. 1999, p. 133-134
EXP. : Beauvais, 1990-91, repr. p. 62

Parquet serait devenu en 1865 le suppléant de Jadin, malade, au poste de peintre de la vénerie impériale[54]. Peintre équestre, de formation autodidacte, il est moins connu que son prédécesseur, apprécié des milieux artistiques et littéraires. Sa peinture est aussi claire et fine que celle de Jadin paraît sombre, d'un réalisme tragique. En 1868, Parquet expose au Salon le *Rendez-vous de la vénerie impériale*, qui, comme celui de Jadin (1854, Compiègne, musée national du Château), témoigne de la volonté impériale de remonter une vénerie aussi grandiose que celle des monarques de l'Ancien Régime. « Élevé dans le goût du cheval et des sports par son beau-père, M. Côme, garde du corps de Charles X, puis colonel des gardes nationales de l'Oise[55] », Parquet donne au sujet équestre une place centrale dans son œuvre. Son *Relais de chevaux*, peint en 1857, représenterait Louis, le piqueux des écuries, conduisant les chevaux de l'équipage de Napoléon III. À l'arrière-plan, les ruines du château de Pierrefonds qui sera restauré par Viollet-le-Duc. En bas à gauche, un gamin agenouillé avec ses chiens observe les chevaux de l'Empereur. Ce détail nous rappelle la dimension spectaculaire de la vénerie des souverains.

B. O.

54. Valroger (de), 1948, p. 63.
55. *Ibid.*

56 • *Cheval de relais mené par un valet*
H. T. 0,615 x 0,970
S. b. g. : *Gustave Parquet*
Inv. V – 2000 - 15 – 1

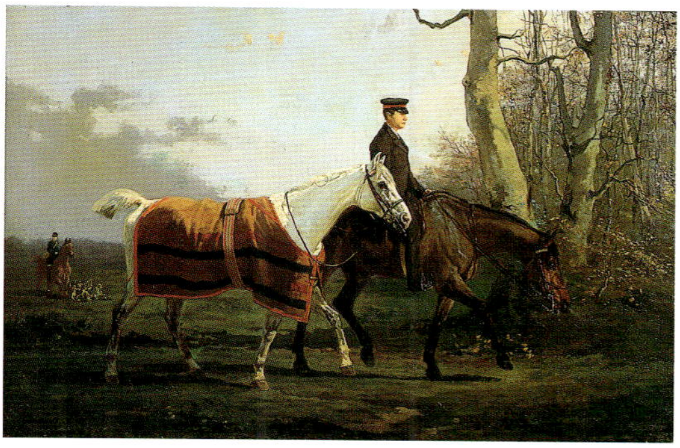

HIST. : acquis de Schildlover, Paris, 1964

En dehors du *Rendez-vous de la vénerie impériale*, qui représente une scène officielle, Parquet dépeint des aspects plus anecdotiques de la vie de l'équipage de Napoléon III. Dans *Valets d'écurie promenant les chevaux aux Beaux-Monts* (Compiègne, musée national du Château) ou dans ce *Cheval de relais* mené par un valet, il rompt avec la vision romantique du monde équestre à la Géricault ou à la De Dreux qui privilégient la vitesse et l'action pour lui préférer les temps de repos ou de préparation.

B. O.

57 • *Officiers de la vénerie impériale*
H. T. 0,32 x 0,45
Inv. B 56

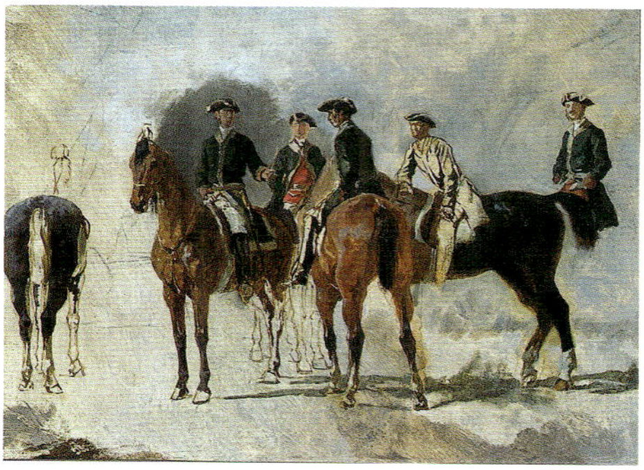

HIST. : don commandant Parquet, fils du peintre, 1943
BIBL. : Hallo, 1961, repr. p. 126

Ce tableau est une esquisse préparatoire pour le groupe central du *Rendez-vous de la vénerie impériale* (1,20 x 2,00 ; Salon, 1868 ; musée national du Château de Compiègne, repr. p. 10) dont le commandant Parquet avait reconnu les protagonistes, tous officiers de la vénerie de Napoléon III en tenue impériale de drap vert à parements cramoisis. Le cavalier de gauche, le prince de la Moskowa, y est accompagné de ses lieutenants, le baron de Laage, le marquis de Toulongeon et le marquis de La Tour-Maubourg. Les positions et les visages étant un peu différents sur notre tableau, il est difficile de confirmer ces identifications, en dehors de celle du prince de la Moskowa.

B. O.

58 • *Découplé de l'équipage Picard Piqu'hardi en forêt de Compiègne aux Mares-de-Jaux*

H. T. 1,64 x 2,94
S. b. d. : *Gustave Parquet.*
Inv. V – 2000 - 16 – 1

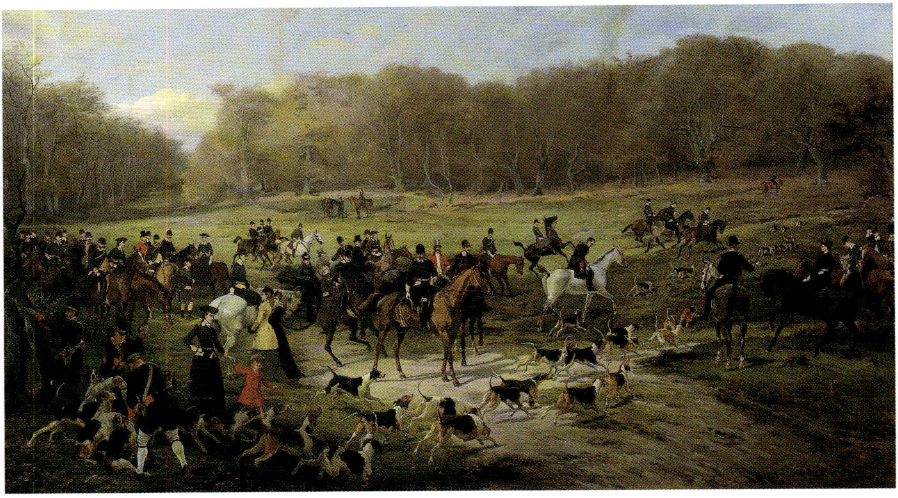

HIST. : commande de Gaëtan de Chézelles pour une salle de chasse (non achevée) du château de Glaignes (Oise) ; don comte Henry de Bertier de Sauvigny, 1958

BIBL. : Martimprey (de), 1937, p. 58 ; Tremblot de La Croix, Tollu, 1988, t. I, repr. p. 36 ; Chauvin, 1971, repr. p. 14 ; Valroger (de), 1948, p. 81, n° 40

À la chute du Second Empire, Parquet se trouve « en butte à une certaine malveillance[56] ». Il s'adapte néanmoins à la situation politique qui met fin à son activité de peintre de la vénerie impériale car les équipages privés reprennent à leur compte le faste des tenues, l'entretien des chenils et écuries qui incombaient aux princes. Parmi les commanditaires de Parquet pendant cette deuxième phase de sa carrière, le marquis de Talhouët, le prince Murat et les vicomtes de Chézelles qui, sur deux générations lui commandent des représentations de leur rallye Picard Piqu'Hardi, notamment un *Rendez-vous* (Salon de 1870, localisation inconnue) et notre *Découplé.* Dans ce tableau, peint vers 1890-1893, les membres de l'équipage arborent une tenue bleue à parements ventre-de-biche pour les maîtres, rouges pour les hommes. Deux invités se distinguent par une tenue à l'anglaise, redingote rouge et chapeau haut de forme, dont la mode s'est importée en France à la fin du XVIIIe siècle. Des élégantes en costume de ville (*cf.* repr. p. 10) rompent le code vestimentaire de la vénerie et donnent une note IIIe République à ce tableau. L'ensemble s'apparente à la photographie d'une réunion mondaine prise sur fond de paysage reconstitué. Avec ses personnages en silhouette, elle évoque une scène de ces théâtres d'ombres, en vogue à la fin du XIXe siècle. Plutôt que la dimension sociale de la vénerie, beaucoup d'artistes du Salon lui préfèrent les scènes d'hallali (Gélibert, Busson) inspirées du courant naturaliste ou encore, des reconstitutions historiques (chasses en costume de Tavernier).

B. O.

56. Valroger (de), 1948, p. 78.

CHARLES-OLIVIER DE PENNE
PARIS, 1831 – MARLOTTE, 1897

59 • *Relais de chiens*
H. B. 0,405 x 0,325
S. b. g. : *Ch. de Penne*
Inv. B 9

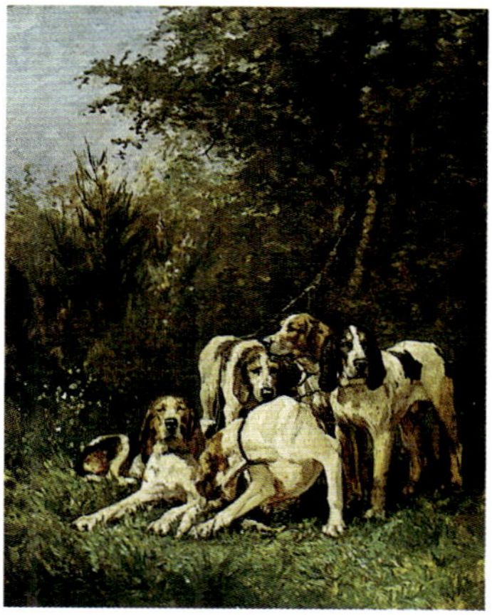

HIST. : don baron Seillière, de l'Institut, 1935

L'œuvre d'Olivier de Penne[57] se situe dans la mouvance de l'école de Barbizon. De longue date, les récris des chiens retentissent en forêt de Fontainebleau et différents artistes, de Ledieu à Tavernier, ont fait de ce spectacle, plus vivant que jamais au XIXe siècle, l'objet de leur peinture. Après une formation classique couronnée par une place de second au prix de Rome en 1857, Penne s'oriente vers des thèmes cynégétiques auxquels ses séjours précoces à Barbizon l'ont familiarisé. Il suit les laisser-courre de la vénerie impériale et des nombreux équipages privés (Sivry, Servant, Lebaudy) qui découplent dans la région.
Bien entendu, la dimension historique et sociale des chasses constitue l'une des facettes de son art, comme le montre son illustration de *L'Armorial de la vénerie* du baron de Vaux (1895) ou ses chasses des ducs d'Orléans et d'Aumale (Chantilly, musée Condé). À l'instar de son ami, le peintre Charles Jacques spécialisé dans la représentation des moutons, il se consacre quant à lui au chien. Ayant acquis une certaine notoriété au début des années 1870, il produit en série des aquarelles qu'il expose au Salon et des toiles de petit format regroupant des canidés. Celle du musée de Senlis représente un relais de chiens saintongeais (noir et blanc) et poitevins qui posent devant un fond paysager, rehaussé par des touches rapides de couleurs vives lui donnant sa luminosité.

B. O.

57. Froment, Fanica, 1992, p. 8-15.

JEAN-FRANÇOIS PERDRIX
VERS 1746 – CHANTILLY 1809

60 • *Chasse des princes de Condé*
H. T. 0,590 x 0,765 (ovale)
Inv. 8885

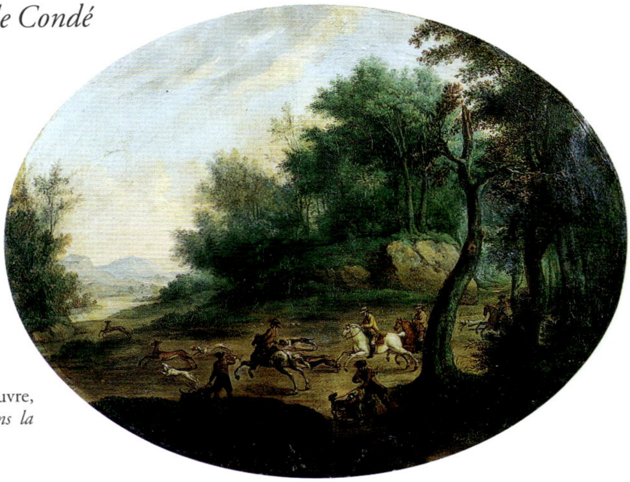

HIST. : dépôt musée du Louvre, 1876 (*Chasse à la biche dans la forêt de Fontainebleau*)

BIBL. : Foucart, 1986, p. 317

C'est dans la représentation des bois de cerf en trompe l'œil inspirés de l'œuvre d'Oudry que Perdrix s'est illustré à la fin des années 1760. Le prince de Condé, passionné de chasse, s'attacha les services de ce spécialiste du genre cynégétique, en même temps que ceux de Jean-Baptiste Le Paon. Plusieurs contemporains du peintre (la duchesse de Duras, l'abbé Daniel ou la comtesse de Bohm[58]) ont décrit l'étrange aspect physique de Perdrix et son attitude fanatique lorsqu'il devint, durant la période révolutionnaire, commissaire de Chantilly, transformé en maison d'arrêt.

Il est possible de rapprocher le personnage au premier plan à gauche, vu de dos et jouant de la trompe de chasse, de celui, strictement identique, figurant sur un dessin certain de Perdrix[59], *Hallali d'un daim pris sous terre par S. A. R. Mgr le Prince de Condé* (Chantilly, musée Condé), ce qui corrobore l'attribution du tableau avancée par Georges de Lastic. Lors de l'inventaire de Chantilly en 1792, au premier étage du Petit-Château, après l'antichambre des valets de pied, figuraient, outre les deux grands tableaux conservés dans une collection particulière dans l'Oise, six autres tableaux de chasse, tous peints probablement après 1771, avec lesquels le tableau de Senlis est probablement en rapport. On peut observer, comme particulièrement caractéristiques, le canon allongé des animaux, le caractère nerveux, cursif de la chasse, et la volonté d'adapter le mouvement courbe de la course au format ovale de la toile, la lumière très vive qui passe derrière les arbres et éclaire la percée vers laquelle se dirigent bêtes et cavaliers.

D. B.

58. Garnier, 1999, n° 56.
59. *Ibid.*, p. 10, fig. 5.

JOSEPH-PORPHYRE PINCHON
AMIENS, 1871 – PARIS, 1953

61 • *La Chasse*
H. T. 1,90 x 2,00
Inv. V – 2000 - 17 – 1

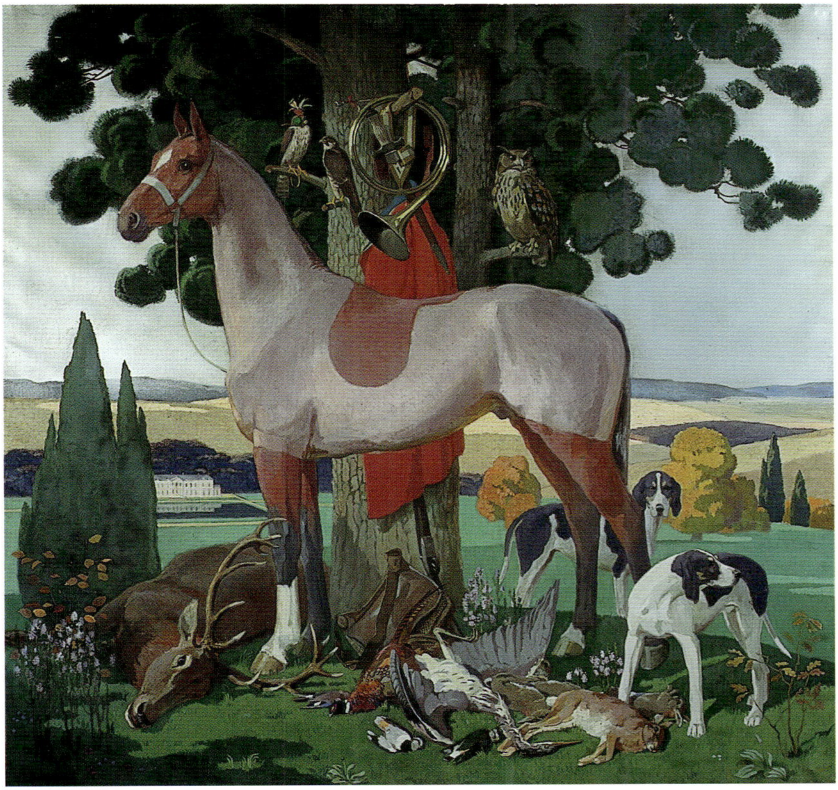

HIST. : legs J.-P. Pinchon, 1953

BIBL. : *Le Figaro artistique illustré*, sept. 1930, repr. p. 53 ; Noyon, 1998, p. 17

EXP. : Paris, Salon de la Société nationale des Beaux-Arts, 1928 (prix Gillot-Dard)

Aux Salons de 1928 et de 1929 figurent successivement deux des projets de Pinchon pour des tapisseries : *La Chasse*, conservée au musée de La Vénerie, et *L'Amérique du Sud* qui sera tissée par la manufacture des Gobelins (1930-1933, Mobilier national, GOB 800). Sans être des pendants, ces œuvres ont en commun d'évoquer des chasses, exotique et primitive d'une part, continentale et actuelle d'autre part. Autour d'un thème classique de la peinture animalière, celui du gibier gardé par des chiens, notre composition réunit les attributs des chasses à courre et à tir. À la première se rattachent le cheval, la dépouille du cerf, les faucons et chiens courants, les accessoires du veneur (redingote, trompe, cape, dague) ainsi que son aristocratique demeure à l'arrière-plan. À la seconde se réfèrent fusil et gibecière, faisan et lapin. Représentative du style Art déco avec ses motifs stylisés et ses cieux argentés, *La Chasse* témoigne d'une volonté didactique fréquente chez Pinchon. Son dossier de Légion d'honneur nous apprend ainsi qu'il réalisa de nombreux ouvrages d'apprentissage du français et des panneaux muraux autour des chefs-d'œuvre de la littérature française. Comme beaucoup d'illustrateurs, Pinchon sombra dans l'oubli, en même temps que sa peinture à la figuration un peu naïve. Seul son personnage de Bécassine, apparu en 1905, est resté célèbre.

B. O.

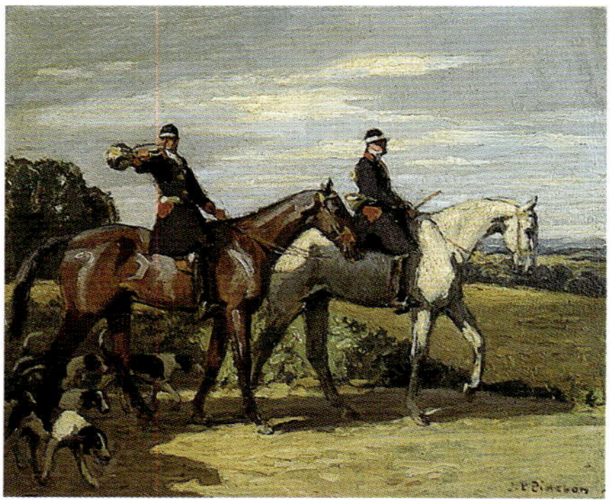

62 • *Piqueux de l'équipage Par Monts et Vallons*
H. T. 0,377 x 0,458
S. b. d. : *J. P. Pinchon*
Inv. B 52

HIST. : don de l'artiste, 1941
BIBL. : Noyon, 1988, repr. p. 10

La chasse à courre, présente dans ses illustrations livresques[60], est l'un des thèmes favoris de Pinchon. Il lui voue une passion fervente (cat. n° 8), comme en témoigne sa correspondance avec Ch. Hallo qu'il entretient de ses recherches picturales autour de la chasse, de son projet d'exposition rétrospective et actuelle de la vénerie dans le cadre du Salon de 1938. Imprégné des rites de la vénerie, Pinchon sait l'importance des tenues vestimentaires. Que ses cavaliers, dans cette composition préparatoire à son tableau du Salon de 1941, soient vêtus de bleu et rouge permet de les identifier comme membres de l'équipage Par Monts et Vallons. Sa formation d'illustrateur rend Pinchon attentif à ces détails significatifs. Il lui arrive parfois de se renseigner auprès d'Hallo, spécialiste de ces questions, sur les accessoires d'un veneur d'autrefois dont l'un des descendants lui demande le portrait. Car, autant qu'à la qualité picturale de l'œuvre, le commanditaire s'attachera à juger de la conformité du vêtement avec les habitudes cynégétiques de l'époque. L'équipage Par Monts et Vallons a connu différents peintres et illustrateurs, le plus célèbre étant Cecil Aldin, venu le fréquenter par l'intermédiaire de l'un de ses boutons, Jacques Kulp, homme d'affaires et lui-même dessinateur humoristique à ses heures perdues.

B. O.

60. *Cf.* notamment celles de *La Grande Meute* de P. Vialar.

RENÉ PRINCETEAU
LIBOURNE, 1843 – PONTUS-FRONSAC, 1914

63 • *L'Habit rouge*
H. T. 0,325 x 0,460
Inv. B 58

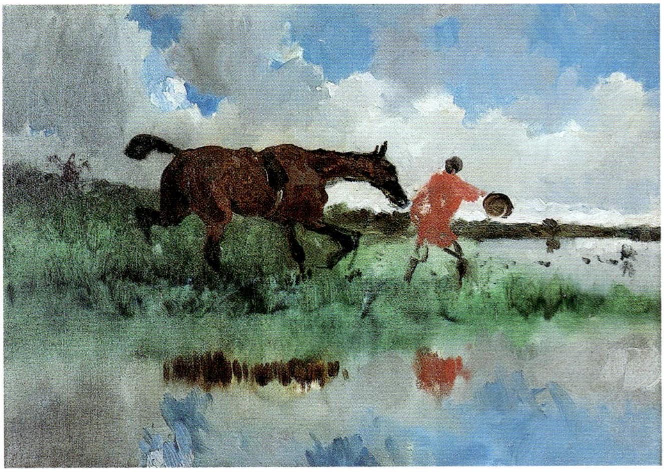

HIST. : acquis par M. J. R. Ostins, antiquaire à Paris, au colonel d'Amade, petit-neveu de l'artiste, vers 1941 ; don Ostins, 1949

BIBL. : Schmit, 1994, n° 202 (repr.)

Originaire de la Gironde, Princeteau qui est sourd-muet de naissance s'installe à Paris où il débute comme sculpteur. Sa fréquentation de la haute société le conduit à peindre les laisser-courre de grands équipages, ceux des princes d'Orléans, de MM. Duchet et de Tredern, où les *sportmen* en habit rouge, bleu ou vert galopent sur des pur-sang. Il est aussi le portraitiste des chevaux, vainqueurs de grands prix, ou de derbys. Le duc de Castries, le baron Schickler, M. Henessy font appel à lui, d'autant plus que Princeteau était passionné de courses de chevaux et qu'il montait lui-même. Il transmet cet intérêt au jeune Lautrec à qui il inculque les rudiments du dessin dont il possède lui-même une extraordinaire maîtrise.

La seconde phase de sa carrière coïncide avec son retour sur sa terre natale, à Pontus. Il devient alors le peintre des champs, de la ferme, de l'étable et des bœufs, trop méconnu de nos jours. À ces thèmes correspond une manière nouvelle, résolument moderne qui lui vaut des médailles aux Salons de 1883, 1885 et à l'Exposition universelle de 1900. Notre tableau, dont il existe un dessin préparatoire dans une collection particulière, a été peint vers 1900. Il représente un veneur en habit rouge retraitant.

L. C.

KARL-ANDREAS RUTHART
DANTZIG, VERS 1630 – AQUILA, ITALIE, APRÈS 1703

64 • *Hallalis de cerf*
H. T. 1,09 x 0,96
S. d. sur le rocher : *C. À./Ruthart/fecit 1675*
Inv. M. N. R. 754

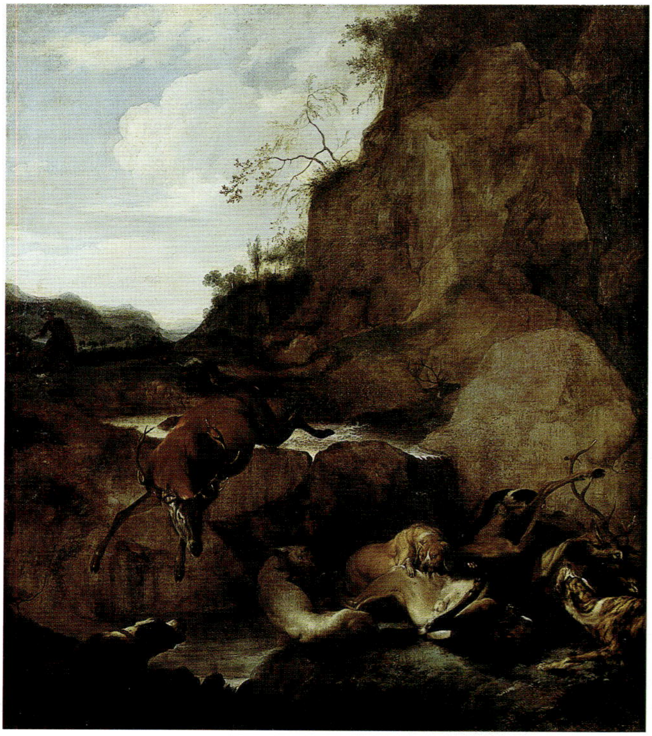

HIST. : acheté 35 000 F par le Städelsches Kunstinstitut de Francfort à la galerie Alice Manteau, Paris, 1941 ; dépôt à Amorbach ; enregistré au Central Collecting Point de Wiesbaden sous le n° 2223 ; attribué au musée du Louvre par l'Office des Biens et Intérêts privés en 1951 (cet historique établi par Claude Lesné est extrait du catalogue des M. N. R., à paraître, R. M. N., 2001) ; dépôt, arrêté du 29-11-1955

BIBL. : Brejon de Lavergnée, Thiébaut, 1981, p. 49

Même si de rares peintures à sujet mythologique sont connues dans l'œuvre de Ruthart, cet artiste est avant tout un peintre animalier et spécialiste des scènes de chasse. Il fut en contact avec l'œuvre des artistes flamands – il séjourna à Anvers en 1663-1664 – et, plus particulièrement, avec celui des plus fameux peintres du genre, Frans Snyders et Paul de Vos. De ses voyages en Europe, son passage en Italie est celui qui lui révéla l'art de Castiglione. Ces influences connues, Ruthart est un artiste que l'on peut sans peine identifier, plus spécifiquement dans ses scènes cynégétiques, grâce à des animaux saisis dans des postures toujours quelque peu outrées, à l'image du cerf entouré des chiens au premier plan ou de celui du second plan, qui est peint en pleine course.

Ruthart réalisait de nombreuses études d'animaux peintes d'après nature, souvent sur toiles. Celles-ci constituaient un répertoire de motifs qu'il utilisait à l'occasion[61], suivant une méthode déjà usitée par Frans Snyders.

Ruthart laisse toujours une place importante aux paysages au sein desquels les rochers, d'une facture toujours enlevée, peuvent avoir une place non négligeable ; cela est le cas dans cette composition. Il utilise une gamme de couleurs saturées qui donne une unité à l'ensemble de sa scène tout en modulant les gris et les bruns avec des accents de bleu-vert pour la végétation. Des effets de clair-obscur introduisent un rythme dans la composition et contribuent à traduire l'aspect dramatique du sujet.

P. J.

61. Un ensemble d'études de ce genre est apparu sur le marché de l'art, Christie's, Londres, 20 mai 1993.

GERARD RYSBRACK
ANVERS, 1696 – ANVERS, 1773

65a • *Chasse au loup*
H. T. 0,90 x 1,54
S. b. d. : *G. Rysbrack*
Inv. 1824

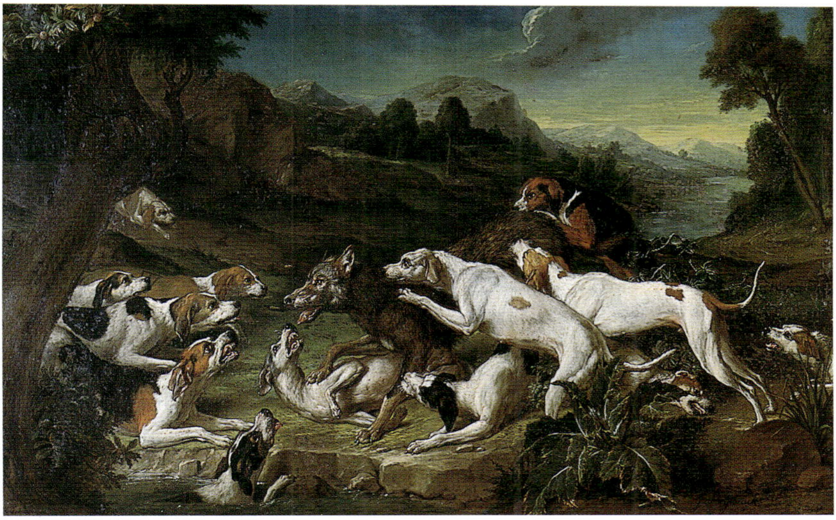

65b • *Chasse au daim*

H. T. 0,90 x 1,54
S. b. c. : *G. Rysbrack*
Inv. 1825

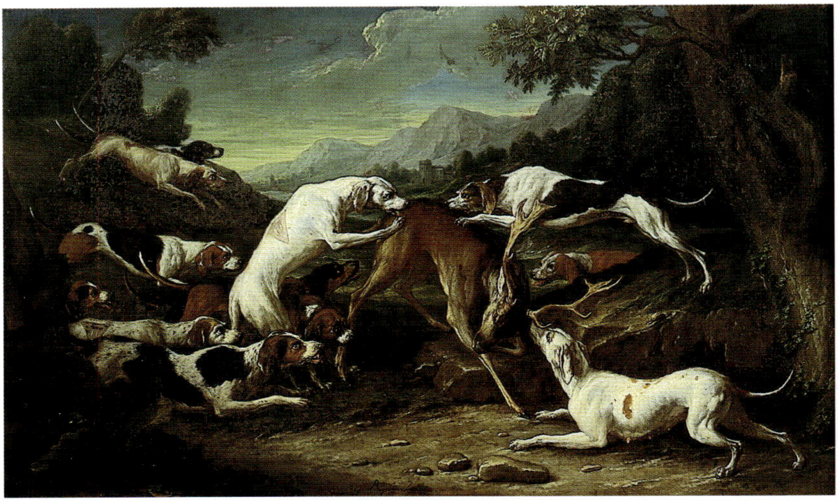

HIST. : réalisés en 1751 pour le château de La Muette, payés 1 400 livres le 9 mars 1754 (exercice 1751) « Au Sieur Rysbrack, peintre, 500 livres pour faire, avec 900 livres à luy ordonnés acompte, scavoir 300 livres sur l'exercice 1748 le 23 may 1749 et 600 livres de celuy de 1751 le 9 octobre au dit an, le parfait payement de 1 400 livres aquoi montent deux tableaux qu'il a faits pour le château de la Meutte, représentants la chasse du dain et l'autre celle du loup, pendant l'année 1751... », Arch. nat., O1 2251 fol. 349 v° ; surintendance des Bâtiments du roi à Versailles, 1784 (inv. Durameau, n° 178-179) ; palais de Saint-Cloud, 1847 (notices des peintures, n° 22 [inv. 1824], n° 103 [inv. 1825]); dépôt, château de Compiègne, 1874 ; dépôt, 1956

BIBL. : Both de Tauzia, 1874, n°s 175-176 ; Engerand, 1900, p. 438-439 ; Brejon de Lavergnée, Foucart, Reynaud, 1979, p. 182

Ces deux tableaux étaient destinés à orner en dessus-de-porte le château de la Muette[62]. Cette demeure que l'on appelait alors *La Meute*, achetée en 1716 par la duchesse de Berry à Joseph Jean-Baptiste Fleuriau d'Armenonville, était située à l'orée du bois de Boulogne ; à la mort de la fille adorée du Régent, le château fut donné à Louis XV et détruit en 1926.

Certainement satisfait des œuvres réalisées par Rysbrack à la ménagerie de Versailles et au château de Choisy depuis 1747, le peintre fut choisi à nouveau pour cette commande royale. Il reçut 700 livres pour chaque tableau payé entre 1749 et 1751. Dans ces deux sujets, il ne fait que reprendre des compositions chères à François Desportes ou à Jean-Baptiste Oudry sans apporter de véritable innovation. Ces tableaux étaient avant tout destinés à laisser pour la postérité des représentations des chiens de la meute du roi. L'identité des chiens, au nombre de treize dans la *Chasse au loup* et de douze dans la *Chasse au daim*, est donnée dans le *Mémoire des tableaux d'animaux [de Rysbrack]*[63]. Sur plusieurs d'entre eux apparaît la marque, triangulaire avec une croix à l'intérieur, des chiens des équipages du roi, qui n'est autre que l'ancien écu français avec la croix au milieu[64].

P. J.

62. Cf. *Mémoire des tableaux d'animaux [de Rysbrack] faits pour le service du Roy tant à la Ménagerie qu'au château de la Meutte, suivant les ordres de M. de Tournehem,* Arch. nat., 01 1932 ; Engerand, 1900.

63. Quatre chiens mordent le daim : Madame à l'oreille, Grimoino au dos, Sergent à l'arrière-train droit et Furibond à la patte arrière droite. Entre ces deux derniers s'approche Gouvernante tandis que de l'autre côté de la victime arrive Furibonde. Dans la partie gauche de la composition se trouvent les uns au-dessus des autres : Peintaleau, Fleurisson, Moraille dont n'apparaît que la gueule, Socrate, Scavante et Cadance qui dévalent la colline. Dans la *Chasse au loup*, Monarque, au centre, attrape le loup par le col, juste derrière lui, Bigot, mord l'arrière-train gauche de la victime. Renfort arrive par-derrière et s'attaque à la croupe du loup. Sous la patte avant droite du loup se trouve Dunker tandis que Butor mord son autre patte avant. En dessous de Bigot, Bravo vient de succomber au combat ; à l'extrême droite arrive Gogaille. Dans la partie gauche de la composition se trouvent, les uns au-dessus des autres : Bastot, dans l'eau, Rantmoineau, Misto, Jollair, Naufrage et Ransonneau qui accourent du haut de la colline.

64. Petit, 1909, p. 6-7.

JOSEPH SWEBACH, DIT SWEBACH-DESFONTAINES
METZ, 1769 – PARIS, 1823

66 • *Chasse à courre dans le royaume de Naples*
H. T. 0,320 x 0,408
Inv. B 4

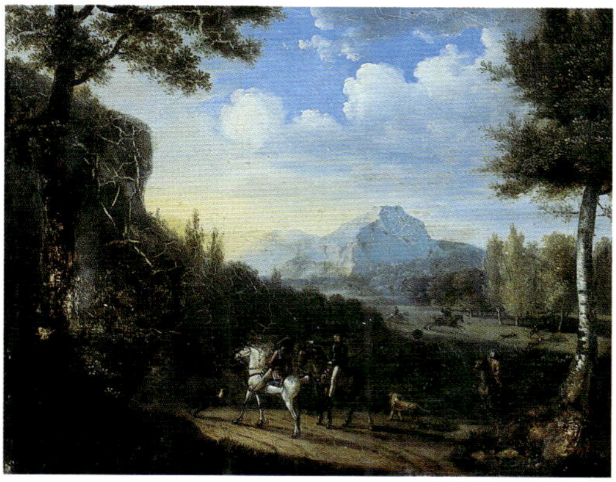

HIST. : don Paul Marmottan au musée municipal de Senlis, 1888

Cette *Chasse à courre* est l'unique tableau de l'ancien musée municipal qui ait rejoint le musée de la Vénerie lors de sa création en 1934. Il compte parmi les trente-quatre dessins et peintures offerts en 1888 par Paul Marmottan (1856-1932). Ce mécène légua en outre une somme de 50 000 F qui fut fort utile à Hallo pour constituer les collections du musée de Senlis dans sa nouvelle orientation. Spécialiste de l'histoire napoléonienne, il publia des études savantes et réunit des œuvres d'art de cette période, qui forment le fonds du musée et de la bibliothèque Marmottan (Paris, Boulogne-

Billancourt). Swebach-Desfontaines, nommé premier peintre de la manufacture de Sèvres par l'Empereur, est contemporain de Boilly, Van Gorp, Cassas et Michallon qui figurent également dans la donation Marmottan. Cet érudit leur consacra en 1886 un ouvrage qui fait encore autorité : *L'École française de peinture (1789-1830).*
L'œuvre a malheureusement subi, à une date indéterminée, les méfaits d'un nettoyage drastique. La localisation de la scène à Naples ainsi que sa datation (1814) ont été données par Marmottan lui-même. Par son petit format, le traitement animé des personnages qui s'inscrivent dans un paysage classicisant, elle est conforme au style de Swebach, spécialiste des sujets militaires et cynégétiques, surnommé par la critique « Wouwermans de son époque » ou encore « Carle Vernet en petit ».

B. O.

PAUL TAVERNIER
PARIS, 1852 – PARIS, 1943

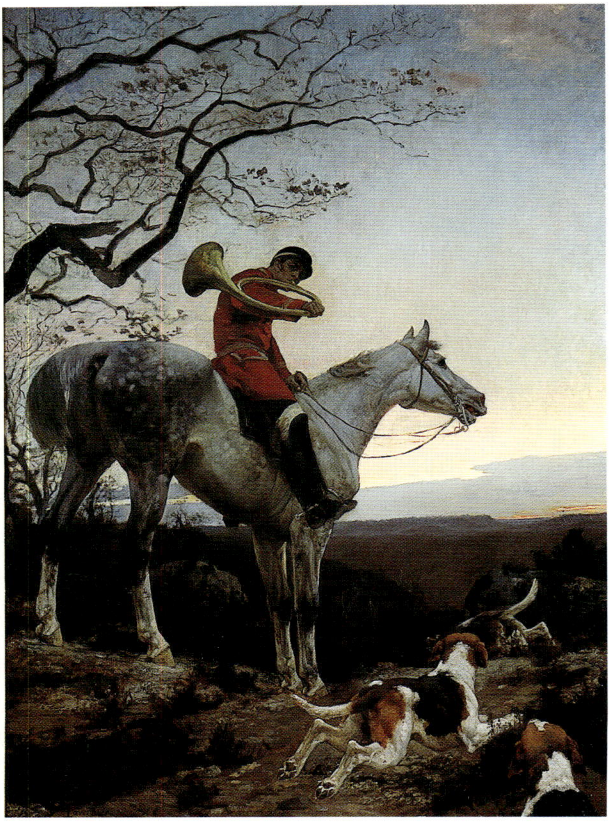

67 • *Bien-aller*
H. T. 2,15 x 1,65
S.d.b.g : *PTavernier/1881*
Inv. V – 99 - 2 – 1

HIST. : acquis avec le concours du fonds régional d'Acquisition des musées et de la Société des amis du musée de la Vénerie, 1998

EXP. : Paris, Salon des artistes français, 1881, n° 2223 (mention honorable)

Tavernier compte parmi les artistes qui honorèrent Hallo d'un don pour composer son musée naissant. Il lui offrit en 1938 le dessin de deux chiens du rallye Franchard. Ce n'est qu'en 1998 que les collections s'enrichirent d'un grand tableau, l'un de ses premiers envois au Salon des artistes français où il figura avec régularité de 1876 à 1937, le plus souvent avec des sujets de vénerie.
Dans cette composition, un piqueux du vautrait Servant, identifié par les couleurs rouge et bleue de sa tenue et le « S » du pelage de l'un des chiens, sonne un bien-aller pour soutenir l'ardeur de sa meute à la fin d'une journée de chasse. Formé en 1852, l'équipage Servant[65], du nom de son fondateur, était domicilié au château de Presles, ancienne propriété des princes de Conti à l'Isle-Adam. Entre 1877 et 1880, il se consacrait au sanglier, notamment en forêt de Fontainebleau où Tavernier suivit ses laisser-courre.
Proche des artistes, comme Olivier de Penne, qui poursuivent la tradition paysagiste et animalière de l'école de Barbizon, Tavernier s'était installé à Fontainebleau vers 1880[66]. Il y résida jusqu'à sa mort.
Sa touche, comme sa façon de traduire la lumière qui décline, dénote dans ce *Bien-aller* l'influence du courant réaliste. Au cours de la décennie suivante, aux Salons de 1894 et 1898 comme dans le décor du théâtre de Fontainebleau, ses veneurs adoptent des tenues Louis XV, qui témoignent de l'orientation historicisante de son art.

B. O.

65. Frachon, Chatellus (de), 1991, p. 9-13.
66. Tricornot de Rose (de), 1998, p. 4.

CHARLES-HENRY TENRÉ
SAINT-GERMAIN-EN-LAYE, 1864 – PARIS, 1926

68 · *Messe de Saint-Hubert du rallye Bonnelles*
H. T. 0,938 x 1,400
S. b. g. : *HENRY TENRÉ*
Inv. B 46

HIST. : commande du père de la générale Casanave ; don Mme la générale Casanave, 1939

BIBL. : Fougerolles (de), 1999, repr. p. 20

EXP. : Paris, Salon des artistes français, 1911, n° 1791

Henry Tenré eut en Eugène Lami un prédécesseur illustre dans la représentation du rallye Bonnelles. Leurs œuvres respectives ont pour cadre le manoir de la Celles-lès-Bordes, à l'ouest de Rambouillet, où la duchesse d'Uzès avait installé le chenil de l'équipage dont elle prit la direction à la mort de son mari en 1878. Toujours vêtue de noir et coiffée d'un tricorne galonné, la célèbre amazone, femme du monde, présidente de la Société protectrice des animaux et amie du général Boulanger, y découpla jusqu'à son décès en 1933. Sa silhouette sombre, immortalisée par Sem, se distingue dans la

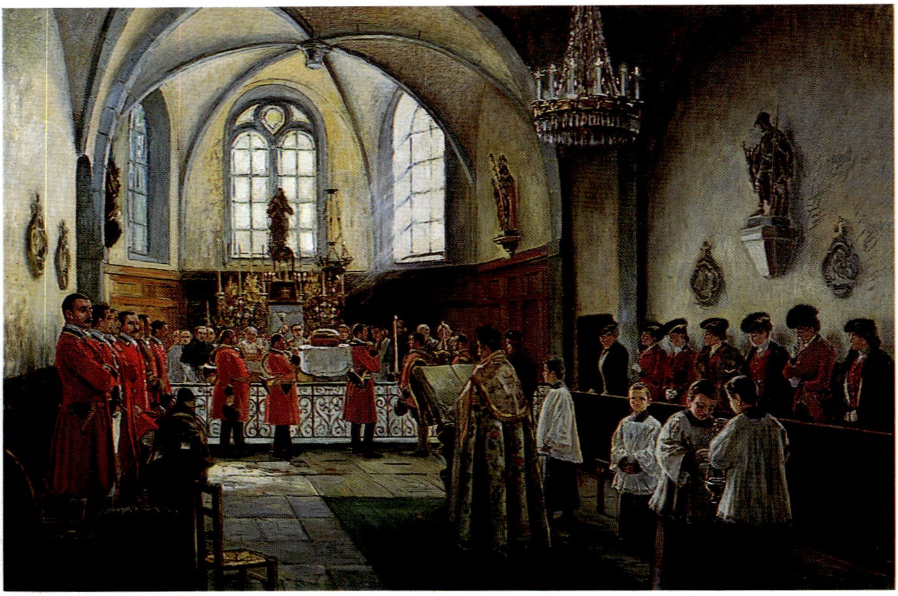

composition de Tenré, non loin de celle de sa fille, la duchesse de Luynes, dans le chœur de la chapelle du village où l'assemblée des veneurs assiste pieusement à la messe de Saint-Hubert.

Ce rite, qui se développe à partir du Second Empire, inaugure le 3 novembre, jour de la fête du saint patron des chasseurs, la saison cynégétique. Héritière des pouvoirs thaumaturges de saint Hubert et des messes de chiens, l'habitude s'est perpétuée jusqu'à nos jours de faire bénir, au cours de cette cérémonie, du pain porté sur une civière par les piqueux. Comme la bénédiction des chiens, que Tenré dépeint dans le pendant (localisation inconnue) de ce tableau, il s'agit de l'un des temps forts et quelque peu folkloriques d'une fête qui, à la Celles-lès-Bordes, était devenue une véritable institution.

B. O.

JEANNE-LOUISE, DITE NANINE VALLAIN (D'APRÈS)
?, 1767 – PARIS, 1815

69 • *Duc d'Enghien en tenue de vénerie des princes de Condé*

H. T. 0,640 x 0,536 (ovale)
Inv. V – 2000 - 18 – 1

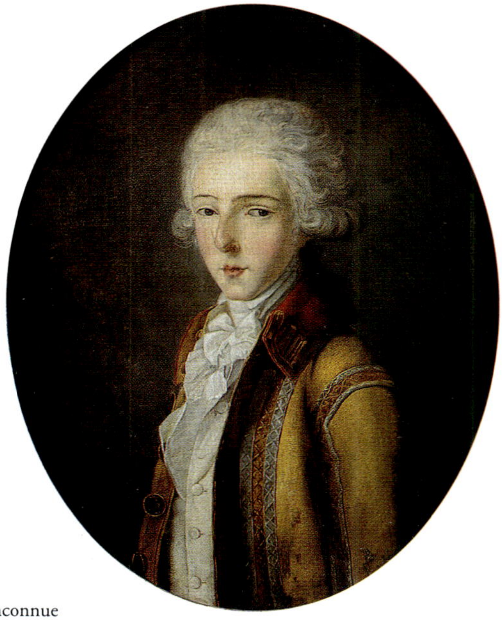

HIST. : provenance inconnue
BIBL. : Garnier-Pelle, 1995, p. 139

Ce portrait présente un intérêt iconographique évident pour notre collection. Son modèle, Louis-Antoine-Henry de Bourbon-Condé, duc d'Enghien (1772-1804), arbore en effet la célèbre tenue de chasse des Condés, ventre-de-biche galonnée or et argent et parements amarante, apparue au milieu du XVIIIe siècle. L'artiste a pris le soin de tourner vers le spectateur l'un des boutons de l'habit, dont le motif de cerf et la matière métallique se distinguent clairement.
On constate, dans notre tableau, la disparition du cordon bleu de l'ordre du Saint-Esprit que porte le jeune duc sur l'original conservé au musée Condé de Chantilly. Son auteur a pu vouloir ainsi gommer cette distinction emblématique du pouvoir royal et princier, définitivement abolie par Louis-Philippe. Quant au talent de veneur du duc d'Enghien, le *Journal des Chasses du prince de Condé*[67] s'interrompt malheureusement dans sa jeunesse, après avoir fait état de son apprentissage de cavalier en 1785.

B. O

67. Toudouze, 21 mai 1785, p. 661 ; extraits communiqués par Mme Nicole Garnier et M. Jacques Peloye.

CHARLES-HORACE VERNET, DIT CARLE (D'APR.)
BORDEAUX, 1758 – PARIS, 1836

70 • *Chasse de Napoléon Ier au bois de Boulogne*

H. T. 1,475 x 1,785
Inv. R. F. 2318

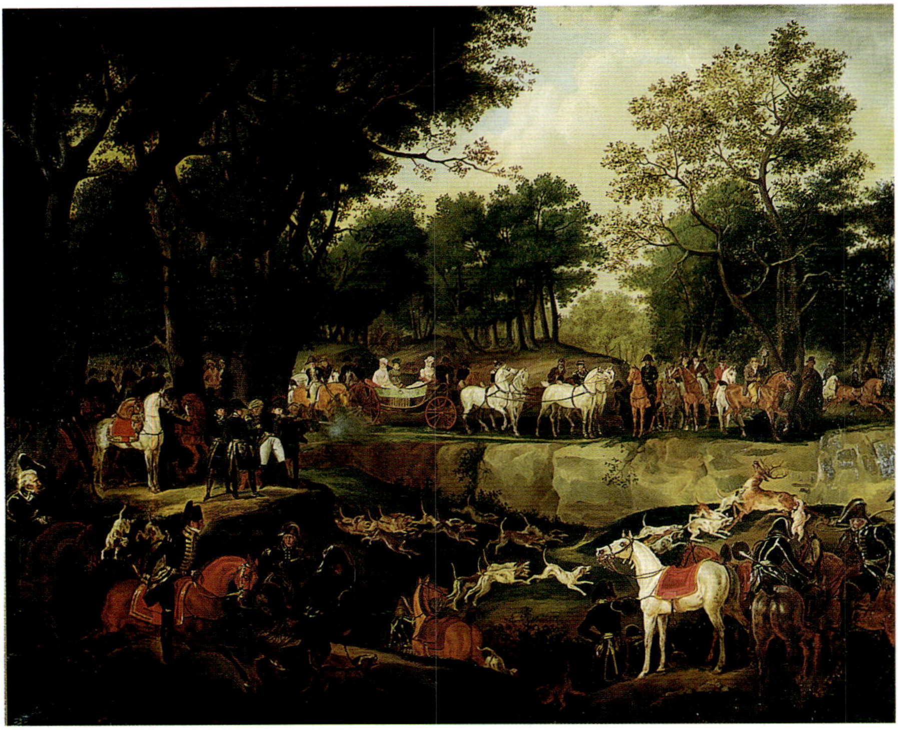

HIST. : legs Amédée Pichot au musée de Versailles, 1916 ; dépôt musée de la Malmaison, 1952

BIBL. : Chabot (de), 1898, repr. p. 273 ; Petit, 1909, p.17-18 ; Hallo, 1951, p. 104 ; Chabrol, 1961, repr. p. 24 ; Tremblot de La Croix, Tollu, 1988, t. I, repr. p. 7 ; Constans, t. II, 1995, repr. p. 917

Selon Petit[68], cette œuvre aurait été peinte grâce à l'intervention du marquis de Montebello, ambassadeur en Russie, qui obtint du tsar l'autorisation de copier le tableau de Vernet pour P.-A. Pichot, directeur de la *Revue britannique* et auteur d'une étude sur la vénerie de l'Empereur[69].

L'original, issu de la collection d'Eugène de Beauharnais, duc de Leuchtenberg, appartenait au musée de l'Ermitage où il se trouve encore de nos jours. Sa copie a l'intérêt d'illustrer la vénerie officielle, rétablie par l'Empereur sur le modèle et avec un personnel en partie issu de l'Ancien Régime. Elle présente un cortège de personnages en grande tenue verte à parements rouges, dont la plupart sont sans doute identifiables. Petit reconnaît ainsi « le vieux piqueur Firmin, qui avait été au prince de Condé[70] ». L'impératrice Marie-Louise suit la scène en voiture.

Curieusement, l'Empereur n'est pas montré dans la posture la plus avantageuse pour un veneur, à cheval et servant à la dague l'animal forcé, mais debout et tirant à la carabine.

Des confusions sont apparues dans la localisation de cet hallali. Le titre que mentionne le livret du Salon de 1812, *Une chasse de S.M. l'Empereur au bois de Boulogne au moment du hallali* doit faire oublier les localisations erronées de cette scène en forêt de Compiègne[71] ou de Fontainebleau[72]. Napoléon chassa au bois de Boulogne le 11 et le 26 décembre 1811[73].

B. O.

68. Petit, 1909, p. 18.
69. *Le Chenil*, 8 juillet 1897.
70. *Ibid.*
71. Bellier de La Chavignerie, Auvray, p. 657 ; Berezina, 1983, n° 427.
72. Petit, *ibid.*, p. 17 ; Constans, 1995.
73. Schuermans, 1908.

1 • *Chasse au daim pour la Saint-Hubert en 1818 dans le bois de Meudon*

H. T. 2,28 x 3,28
Inv. B 11

HIST. : don comte de Kersaint, conseiller général, 1937

BIBL. : Tremblot de La Croix, Tollu, 1988, t. I, repr. p. 13

« S'il y a une continuité entre l'Empire et la Restauration, c'est bien dans le domaine de la cynégétique. Le retour de la monarchie conforte la politique des chasses d'apparat[74]. » Ce tableau, copie de médiocre qualité d'après l'original du musée du Louvre, l'atteste. Les veneurs de l'équipage du duc de Berry[75], fils du comte d'Artois, futur Charles X, présent à droite de la composition face au grand veneur, le comte de Girardin, arborent une tenue de couleur verte à parements cramoisis et bicorne noir, inspirée de celle des chasses impériales.

La dimension historiographique de l'œuvre conduit à s'interroger sur l'exactitude des événements et sites représentés. Le marquis de Nétumières[76] remarque une incohérence entre son titre et les explications du livret du Salon de 1827. Il s'étonne qu'une *Chasse au daim pour la Saint-Hubert en 1818 dans les bois de Meudon* puisse figurer « le passage de l'eau dans l'étang de Ville-d'Avray », situé dans les bois de Fausses-Reposes, et non dans ceux de Meudon.

Une vérification dans le *Recueil des chasses du duc de Berry* lui permet d'attester que le duc, parti du château de Meudon, chassa bien le daim le 7 novembre, que celui-ci prit l'eau à l'Étang-Vert, situé dans le bois de Meudon. Peu soucieux de vérité

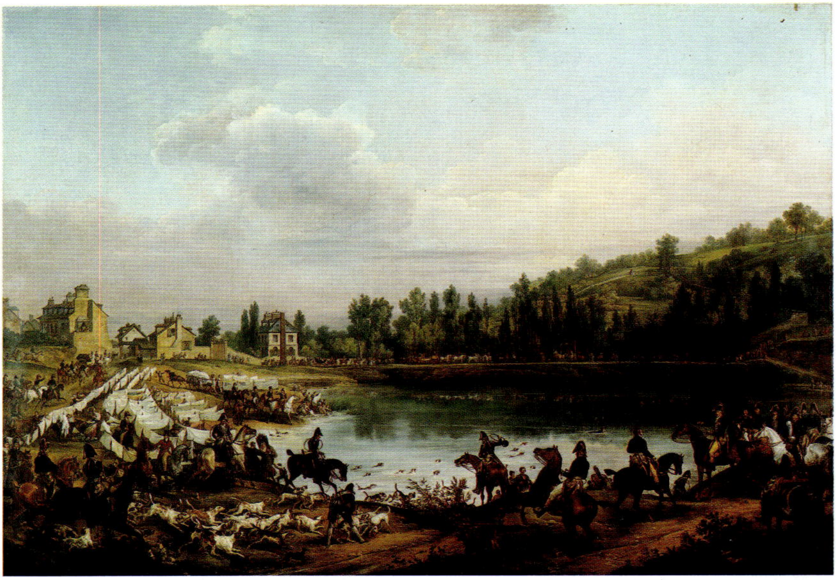

Chasse au daim, original conservé au musée du Louvre

topographique, Vernet lui aurait substitué l'étang de Ville-d'Avray[77], mieux accordé à une telle chasse que le modeste Étang-Vert. Aucune explication n'est donnée à la présence pittoresque des blanchisseuses, étrangères au sujet traité.

B. O.

74. Anthenaise (d'), 1999, p. 11.

75. Plusieurs fois représentés par Vernet. *Cf.* Dayot, 1925, n° 228, p. 174 et n° 11, p. 184.

76. *Le Tableau des Blanchisseuses*, étude inédite, 1964, dossier de l'œuvre originale, musée du Louvre, département des Peintures.

77. Hurtret, 1952, p. 130, note 1.

PAUL DE VOS
HULST, 1596 – ANVERS, 1678

72 · *Hallali de chevreuil*
H. T. 1,67 x 2,56
Inv. MI 1010

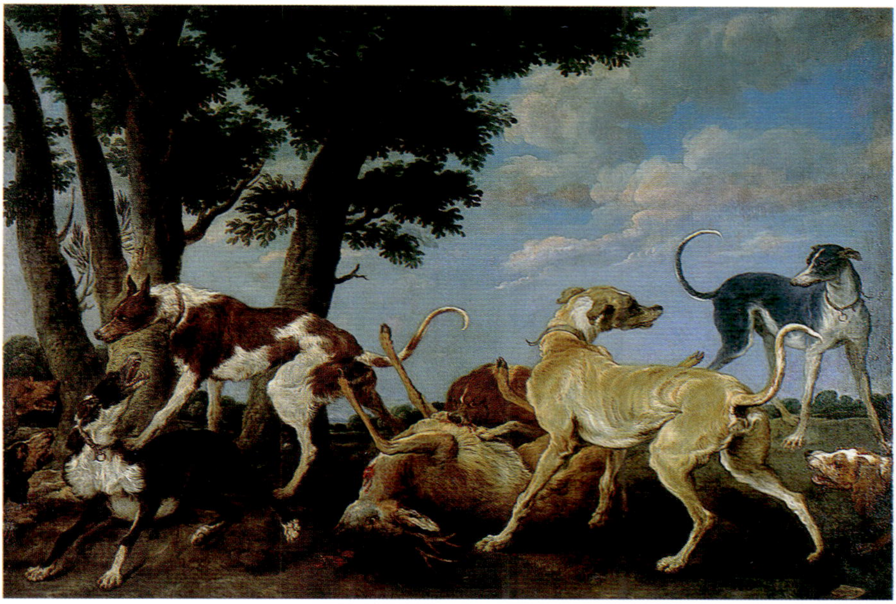

HIST. : donation La Caze au musée du Louvre, 1869 ; dépôt, 1956

BIBL. : La Caze, 1870, n° 149, p. 43 ; Demonts, 1922, p. 173, n° 2194 ; Brejon de Lavergnée, Foucart, Reynaud, 1979, p. 183

Un chevreuil vient d'être maîtrisé par une meute de chiens. Ceux-ci se déploient autour de l'animal mort. Au-delà d'une représentation de chasse, l'aspect cynégétique est le prétexte à portrait collectif de chiens. Sur un fond d'horizon placé très bas qui met en valeur les chiens, Paul de Vos a réparti les animaux sur l'avant-plan du tableau sans aucune impression de pesanteur. Les positions toutes différentes des chiens rythment cette bande horizontale particulièrement par un jeu de courbes et contre-courbes des corps et par le jeu des queues de trois d'entre eux qui apportent une certaine élégance à l'ensemble de la scène. Quelques arbres viennent à propos contrebalancer l'horizontalité de la composition. Paul de Vos a peint plusieurs portraits de chiens, individuellement, qu'il est intéressant de rapprocher de cette œuvre[78].

P. J.

78. Plusieurs d'entre eux sont conservés au musée du Prado, Madrid, *cf.* notamment le *Chien blanc*, *Catalogue du musée du Prado*, 1990, t. I, n° 1791.

73 • *Bat l'eau de daim*

H. T. 1,32 x 1,18
Inv. MI 1979

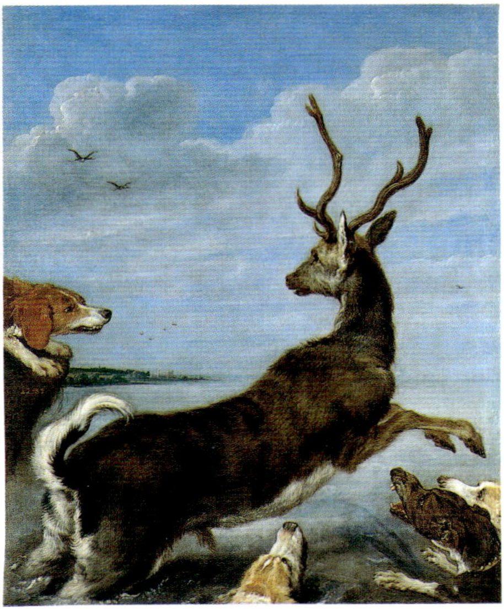

HIST. : donation La Caze au musée du Louvre, 1869 ; dépôt musée du Louvre, juin 1935 en échange de Brémond, *Tête de jeune fille*

BIBL. : La Caze, 1870, n° 118, p. 35 (Snyders) ; Brejon de Lavergnée, Foucart, Reynaud, 1979, p. 182

Cette œuvre longtemps donnée à Frans Snyders doit être rendue incontestablement à Paul de Vos. L'œuvre de ces deux artistes, considérés comme les plus éminents peintres de scènes de chasse des Pays-Bas, est souvent confondu en raison des rapports étroits qui existent dans leur répertoire et de l'influence certaine de Snyders sur son cadet. La facture de Paul de Vos est cependant plus nerveuse et ses animaux ont des postures souvent quelque peu forcées qui contribuent à transcrire l'intensité des combats entre les chiens et leur victime.

Cette composition dérive d'une autre toile de l'artiste, de plus grandes dimensions et en largeur, qui représente un daim dans la même position, assailli par plusieurs chiens dans l'eau alors qu'un autre, dont le corps est entièrement représenté, se trouve sur la terre derrière lui (marché de l'art parisien, 1997 ; localisation actuelle inconnue).

Ici, l'artiste a repris la même formule et a centré son sujet sur la figure du daim qui crée une grande diagonale. Cette occupation de la toile par un seul animal n'est pas rare dans l'œuvre de ce peintre animalier flamand ; on peut le rapprocher d'une œuvre dans laquelle un renard occupe la même position, ou d'une *Chasse au cerf*[79].

P. J.

79. *Catalogue du musée du Prado*, Madrid, 1990, t. I, n° 1252, repr. et n° 1391.

PAUL DE VOS (SUIVEUR DE)

4 • *Hallali de sanglier*
H. T. 0,65 x 1,00
Inv. V – 2000 - 19 – 1

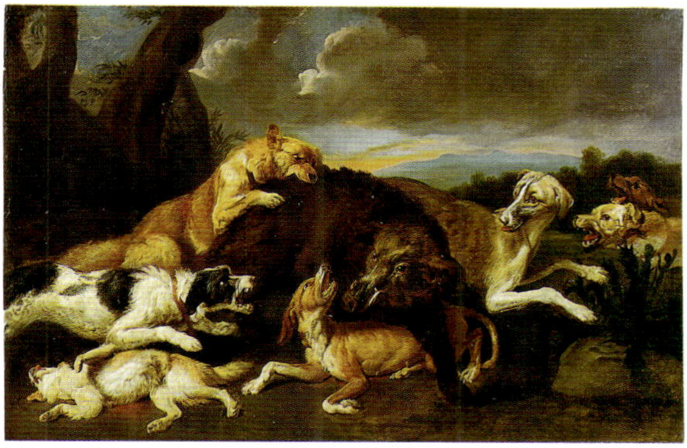

HIST. : acquis d'un particulier, 1994

BIBL. : Senlis, Me Berquat et May, vente du 8 décembre 1991, repr.

Ce tableau a été acquis pour illustrer la vénerie du sanglier, « beste pesante, et de grande senteur, laquelle ne se fie qu'en ses dentz et deffenses[80] », ne fait pas de ruses et éventre les chiens. La mise en scène de l'affrontement du chasseur, de sa meute avec cet animal emblématique de la force brute et dénué de ruses, était l'une des spécialités des peintres flamands, notamment Rubens et Paul de Vos, relayés par de nombreux épigones.

B. O.

80. Du Fouilloux, cité par Salvatori, p. 84.

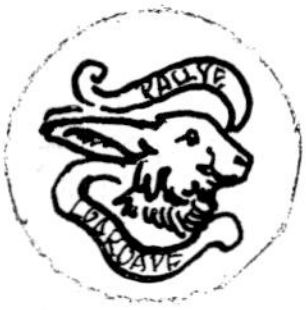

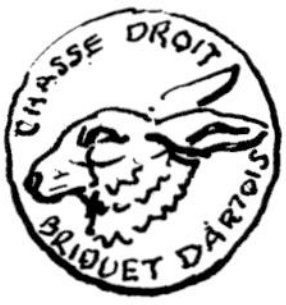

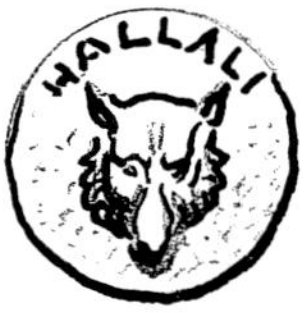

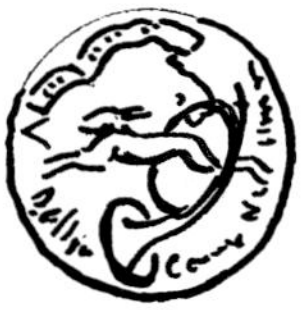
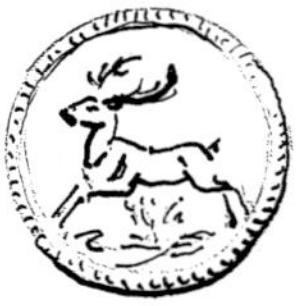

ATTAQUE : moment où les chiens sont mis sur la voie de l'animal.

BAT L'EAU : lorsque l'animal poursuivi par les chiens nage à la vue des veneurs.

BIEN-ALLER : bon déroulement de la chasse, appuyé au son de la trompe.

BOUTON : l'emblème distinctif de chaque équipage figure sur les boutons de la tenue. Par extension, désigne les membres d'un équipage portant la tenue.

CURÉE : cérémonial qui consiste à livrer à la meute les entrailles de l'animal qu'elle a capturé.

DÉBUCHÉ : lorsque l'animal chassé sort du bois, à découvert.

DÉCOUPLER : délier les liens qui attachent les chiens deux à deux pour les libérer sur la voie de l'animal.

DÉFAUT : lorsque les chiens ont perdu la voie (l'odeur) de leur animal de chasse.

ÉQUIPAGE : ensemble des hommes (maître, veneurs, piqueux), des chiens et des chevaux réunis pour la chasse à courre. Voir : rallye.

FANFARE : morceau musical sonné à la trompe pour annoncer les circonstances de la chasse.

FORCER : amener l'animal à renoncer à la fuite et à se rendre aux chiens qui l'ont poursuivi.

HALLALI : épisode de la chasse qui précède la mort de l'animal.

HONNEURS : pied droit de l'animal de chasse offert pendant la curée à une personne que l'on veut honorer.

LAISSER-COURRE : journée de chasse à courre.

LOUVART : jeune loup âgé de moins de deux ans.

LOUVETERIE : institution fondée par Charlemagne pour protéger les populations des loups. Aujourd'hui, corps des officiers nommés par l'État pour la destruction des nuisibles.

MEUTE : ensemble de chiens courants détenus et élevés par un équipage.

PIQUEUX : personnel d'un équipage chargé, avec les valets de chiens, de l'entretien de la meute et de la conduite de la chasse.

RALLYE : terme signifiant rassemblement, souvent utilisé dans la dénomination des équipages.

RAPPORT : compte rendu fait au maître d'équipage par les personnes qui ont fait le bois, c'est-à-dire repéré avant la chasse des signes de présence d'animaux chassables.

RÉCRIER : la voix des chiens lorsqu'ils chassent.

RELAIS : petit nombre de chiens d'âge (« les six chiens »), remis avec la meute en cours de chasse. Se dit aussi pour désigner les chevaux frais utilisés en cours de chasse.

RENDEZ-VOUS : lieu de rassemblement de l'équipage avant le départ pour la chasse.

SERVIR : porter le coup de grâce à l'animal hallali à l'aide d'une arme blanche ou, plus rarement, à feu.

VAUTRAIT : équipage spécialisé dans le courre du sanglier.

VÉNERIE : chasse à courre, à cor et à cri, codifiée par des règles précises.

VOIE : trace odorante laissée par le passage d'un animal.

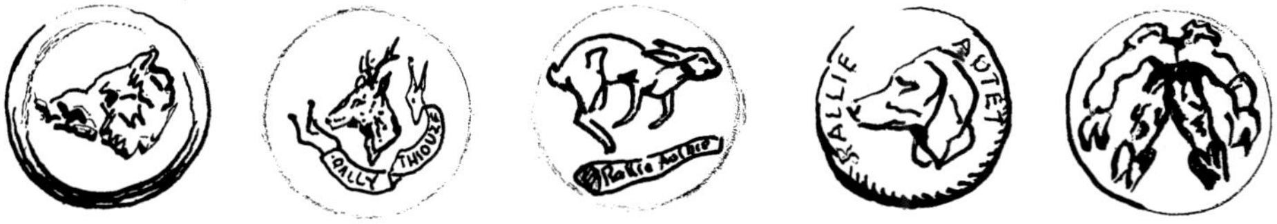

Glossaire établi en collaboration avec la société de Vénerie.

Références bibliographiques :
Pierre-Louis Duchartre, *Dictionnaire analogique de la chasse historique contemporaine*, Paris, Chêne, 1973.
Georges Hallo, *Vénerie, qui es-tu ?*, Chaumont, Crépin-Leblond, 2000.

Ill. : boutons de vénerie d'apr. des dessins de Ch.-J. Hallo.

BIBLIOGRAPHIE

Addade (S.-J.), *Bernard Boutet de Monvel*, Paris, 2001

Anthenaise (C. d'), « Images de la chasse à courre », *in* cat. exp., Paris, 1999, p. 8-17

Bellier de La Chavignerie (E.), Auvray (L.), *Dictionnaire général des artistes de l'école française*, Paris, 1887, rééd. 1997, 2 tomes

Babelon (J.-P.), *Chantilly*, Paris, 1999

Bailly (N.), Engerand (F.), *Inventaire des tableaux du Roy, rédigé en 1709-1710 par Nicolas Bailly…*, Paris, 1899

Bardon (F.), *Diane de Poitiers et le mythe de Diane*, Paris, 1963

Bautier (A.-M.) et (R.-H.), « Nélie Jacquemart-André, artiste, collectionneuse et mécène ou la passion de l'œuvre d'art », *Gazette des Beaux-Arts*, février 1995, p. 79-114

Berezina (V. N.), *The Hermitage, catalogue of western European painting, French painting early and mid-nineteenth century*, New York, Florence, 1983

Both de Tauzia (L.), *Notice des tableaux du musée national du Louvre*, Paris, 1888

Bouëssée (J.), Dormeuil (A.), Tremblot de La Croix (H.), *Vénerie aujourd'hui*, Paris, 1975

Béguin (S.), « Note sur un portrait de Diane de Poitiers », *Revue des Arts*, 1956, n° 2, p. 82-84

Bernard (M.), « L'automne des frontières ou l'art de chasser », *Le Serment des Horaces*, 1991, n° 6, p. 8-60

Blanche (J.-É.), *La Pêche aux souvenirs*, 1949

Brejon de Lavergnée (A.), Foucart (J.), Reynaud (N.), *Catalogue sommaire illustré des peintures du musée du Louvre. École flamande et hollandaise*, Paris, 1979

Brejon de Lavergnée (A.), Thiébaud (D.), *Catalogue sommaire illustré des peintures du musée du Louvre. Italie, Espagne, Allemagne, Grande-Bretagne et divers*, Paris, 1981

Brière (G.), Communaux (E.), *Musée du Louvre. Emplacement actuels des peintures de l'école française…*, Paris, 1925

Carbone (G.), *La Peur du loup*, Paris, 1991

Carbone (G.), Le Pape (G.), *ABCdaire du loup*, Paris, 1996

Chabot (comte de), *La Chasse à travers les âges*, Paris, 1898

Chabrol (B.), « Histoire de la Vénerie française », *Encyclopédie de la Vénerie française*, Paris, 1961

Champfleury, Husson (J.) dit, *Histoire et description des richesses d'art de la Manufacture de Sèvres*, Paris, 1891, in *I.G.R.A.F.*, Province, Monuments civils, 1891, t. V, p. 3-64

Chapus (E.), *Les Chasses princières en France de 1589 à 1841*, Paris, 1853

Chauvin (J.), « À Villers-Cotterêt de 1864 à 1892 », *Vénerie*, 2e trim. 1971, n° 22, p. 13-16

Chennevières (P. de), Dussieux (L.), Mantz (P.), Montaiglon (A. de), Soulie (E.), *Mémoires inédits sur la vie et les ouvrages des membres de l'Académie de peinture et de sculpture*, Paris, 1854, 2 vol.

Claretie (J.), *L'Art et les artistes français contemporains*, Salon de 1873, Paris, 1876

Claverie (G.), « Le Pau Hunt Drags », *Vénerie*, 4e trim. 1976, n° 44, p. 38-40

Cloulas (I.), *Diane de Poitiers*, Paris, 1997

Compin (I.), Roquebert (A.), *Catalogue sommaire illustré des peintures du musée du Louvre et du musée d'Orsay. Index iconographique*, Foucart (J.), dir., Liste des tableaux déposés par le Louvre par Foucart-Walter (E.), Paris, 1986, 5 vol.

Constans (C.), *Musée national du château de Versailles, Les Peintures*, Paris, 1995, 2 tomes

Coural-Starcky (L.), *Dessins de Van der Meulen et de son atelier*, Paris, 1988

Dayot (A.), *Carle Vernet*, Paris, 1925

Demonts (L.), *Musée national du Louvre. Catalogue des peintures exposées dans les galeries. Écoles flamande, hollandaise, allemande et anglaise*, Paris, 1922, t. III

Deschodt (É.), *D'un musée l'autre en Picardie*, Paris, 1996

Desportes (C.-F.), « La vie de M. Desportes, peintre d'animaux, écrite par son fils, conseiller de l'Académie royale de peinture et de sculpture. Lue en l'assemblée du 3 août 1748 », voir Chennevières, 1854, t. II, p. 98-113

Dezallier d'Argenville (A.-N.), *Voyage pittoresque des environs de Paris*, Paris, 1762

Dimier (L.), « Christophe Huet, peintre de chinoiseries et d'animaux », *Gazette des Beaux-Arts*, 1er décembre 1895, p. 487-496

—, « An idealized portrait of Diane de Poitiers », *The Burlington Magazine*, XXIX, 1913-1914

—, dir., *Les Peintres français du XVIIIe siècle*, Paris, Bruxelles, 1928-1930, 2 vol.

Drost (W.), Heninges (U.), *Gautier Théophile, exposition de 1859*, Heidelberg, 1992

Doria (B.), *Catalogo generali dagli archivi Boldini*, Milan (à paraître)

Dunoyer de Noirmont, *Histoire de la chasse en France depuis les temps les plus reculés jusqu'à la Révolution*, Paris, 1867, rééd. 1982

Édouard-Joseph, *Dictionnaire*

biographique des artistes contemporains, Paris, 1934, 3 vol.

Engerand (F.), *Inventaire des tableaux commandés et achetés par la direction des Bâtiments du roi (1709-1792)*, Paris, 1900

Fanica (O.), « Oliver de Penne en anecdotes », *Bulletin des Amis de Bourron-Marlotte*, printemps-été 1992, n° 29, p. 8-15

Forges (M.-T. de), *Barbizon*, Paris, 1962

Foucart-Walter (E.), voir Compin

Fougerolles (P. de), « Des fêtes de Diane aux messes de Saint-Hubert », cat. exp., Paris, 1999, p. 18-23

Frachon (J.), Chatellus (H. de), *L'Équipage Servant-Servant 1852-1894*, Paris, 1991

Froment (H.), « Olivier de Penne, peintre d'enseignes », *Bulletin des Amis de Bourron-Marlotte*, printemps-été 1992, n° 29, p. 8-15

Garnier-Pelle (N.), *Chantilly, musée Condé, Peintures du XVIIIe*, Paris, 1995
—, « Jean-François Perdrix peintre des chasses du prince de Condé », *Le Musée Condé Chantilly*, octobre 1999, n° 56, p. 8-16

Girard (H.), *Histoire de Songeons*, 1986 et 1990 (2 vol.)

Guiffrey (J.-J.), *Édition générale du Mobilier de la Couronne sous Louis XIV (1663-1715)*, Paris, 1885-1886 (2 vol.)

Hallo (Ch.-J.), *De la cape à la botte*, Paris, 1953, rééd. 1999
—, « La vénerie dans l'art », *Encyclopédie de la vénerie française*, Paris, 1961, p. 97-136

Hourtolle (C.), *Des loups ravissants*, Mouans-Sartoux, 1998

Hurtret (A.), « Les Corot du Kiosque de Ville-d'Avray », *Études d'art publiées par le musée d'Alger*, 1952, n° 7

Jacky (P.), « Alexandre-François Desportes (1661-1743) : quatre dessus-de-porte provenant du château de Bercy entrent à Chambord », *Revue du Louvre*, 1996, n° 3, p. 62-70
—, « Desportes (1661-1743), peintre de chasse au XVIIIe siècle », *Connaissance des Arts*, juillet-août 1998, p. 48-55
—, voir cat. exp., Paris, Gien, 1998
—, *Monographie et catalogue raisonné Desportes*, université de Paris IV-Sorbonne, Paris, 1999, 9 vol.

Jadin (Ch.-E.), *Maison de l'Empereur. La vénerie 1852-1870*, Paris, 1905

Joly (E.), Carbone (G.), *ABCdaire de la chasse*, Paris, 1998

Koller (F.), *Das Inventarbuch der Landesgalerie Salzburg, 1942-1944*, Salzbourg, 2000

Kulp (J.), *Cinquante ans Par Monts et Vallons*, s. l., 1935, s. p.

La Caze (L.), *Notice des tableaux légués au musée impérial du Louvre*, Paris, 1870

Laclotte (M.), « Nouvelles acquisitions des musées de province depuis 1960 », *Revue du Louvre*, 1964, n°4-5, p. 157-174

Lastic (G. de), « Les devants de cheminée », *Connaissance des Arts*, mai 1955, p. 26-31
—, « Desportes », *Connaissance des Arts*, janvier 1961, p. 56-65
—, *Catalogue raisonné de l'œuvre peint et dessiné de François Desportes*, thèse de l'École du Louvre, dactylographiée, 1969
—, « Desportes et Oudry, peintres de chasses royales », *The Connoisseur*, décembre 1977, p. 290-299
—, « L'atelier de François Desportes », *L'Œil*, décembre 1982, p. 40-47
—, *Les Donateurs des musées de l'Oise*, comité départemental du Tourisme de l'Oise, s. d.

Laubriet (P.), *Théophile Gautier, correspondance générale 1846-1848*, Paris, 1988, t. III

Leduc (C.-A.), *Chasse à courre 1900-1914*, Paris, 1994, 2 tomes

Le Guen (M.), « Trois siècles de peinture de Vénerie à Chantilly », *Vénerie*, 4e trim. 1995, n° 120, p. 55-60
—, « Deux tableaux de Desportes au musée de la Vénerie à Senlis », *Le Musée Condé Chantilly*, décembre 1995, p. 14-18

Lex (L.), *Fr.-M. Puthod (1757-1820) membre de la Commission des monuments et l'inventaire des collections et objets d'art du château de Chantilly en 1793*, Paris, 1915

Locquin (J.), « Catalogue raisonné de l'œuvre de Jean-Baptiste Oudry, peintre du roi (1686-1755) », *A.A.F.*, 1912, t. VI, p. I-VIII, 1-209

Magne de La Croix (P.), « La monteria y su primer museo », *Polo y campo*, avril-mai 1936, año IV, n° 36

Marmottan (J.), *L'École française de peinture (1789-1830)*, Paris, 1886

Martimprey (R. de), *La Vénerie contemporaine anecdotique*, Paris, 1937

Moreau (V.), *Peintures du XIXe siècle*, musée des Beaux-Arts de Tours, 1999

Morin (E.), « Joseph Oberthür », *Vénerie*, 1er trim. 1994, n° 113, p. 34-36

Oberthür (J.), *Gibiers de notre pays*, Paris, rééd., 1971, 7 vol.

Opperman (H. N.), *Jean-Baptiste Oudry*, New York, 1977, 2 vol.

Osmond (comte d'), *Les Hommes des bois*, Paris, 1892

Petit (P.), *Anciens souvenirs de vénerie*, Louviers, 1909

Princesse Palatine, *Lettres*, Paris, rééd. 1985

Reille (A.), « Joseph Oberthür », cat. exp., Gien, 1993 (s. p.)

Roger (J.-M.), « Les Hériot : Auguste, Olympe, Virginie », article paru dans une revue non identifiée, et conservé au dossier d'œuvre

Roberts (J.), *Catalogue raisonné Jacques-Émile Blanche* (à paraître)

Rosenberg (P.), Reynaud (N.), Compin (I.), *Musée du Louvre. Catalogue illustré des peintures. École française XVIIe et XVIIIe siècles*, Paris, 1974, 2 vol.

Rousselot (J.), dir., *Les Sources de l'art la chasse*, Paris, 1967

Rüe (A. de La), *Les Chasses du Second Empire*, Paris, 1882

Salvatori (P.), *La Chasse sous l'Ancien Régime*, Paris, 1996

Scallierez (C.), « Œuvres restituées par l'Allemagne », Paris, musée d'Orsay, 1994

Schmit (R.) et (M.), *Catalogue raisonné, René Princeteau 1843-1914, « chevaux et cavaliers »*, Paris, 1994

Schuermans (A.), *Itinéraire général de Napoléon Ier*, 1908

Siclon (L.-G.), « Par saint Georges et saint Hubert ! ou la vénerie militaire », *Vénerie*, 2e trim. 1998, n° 130, p. 65-66

Thiébaud (J.), *Bibliographie des ouvrages français sur la chasse*, Paris, 1934

Tremblot de La Croix (H.), Tollu (B.), *Deux siècles de vénerie à travers la France*, Chantilly, Horarius, 1988, t. I, Île-de-France ; Paris, Olser, 1990, t. II, Belgique, Nord, Normandie ; Paris, Olser, 1991, t. III, Anjou, Bretagne, Touraine ; Poitiers, Promo-édition, 1993, t. IV, Franche-Comté, Orléanais, Bourgogne, Nivernais ; Poitiers, 1994, t. V, Berry, Bourbonnais, Haut-Poitou, Bas-Poitou ; Poitiers, 1995, t. VI, Périgord-Saintonge, Limousin, Guyenne, Gascogne, Massif-Central, Midi, Sud-Est

Tricornot de Rose (F. de), « Paul Tavernier », cat. exp., Fontainebleau, théâtre municipal, « L'art de Paul Tavernier », 14-29 novembre 1998

Toudouze (J.), *Journal des chasses du prince de Condé à Chantilly de l'année 1748 au 25 juin 1785*, t. I (1748-78), t. II (1779-1785), archives du musée Condé, Ms 371-372

Valroger (de), « Gustave Parquet peintre de la vénerie impériale », *Bulletin de la Société historique de Compiègne*, 1948, t. XXIII, p. 60-87

Vaufreland (vicomte de), « La chasse à courre et les courses en Béarn », *Revue du Béarn*, 1932-1933, n° 6, p. 24-36

Vergnet-Ruiz (J.),1930, voir Dimier

—, Laclotte (M.), *Great French Paintings from the Regional Museums of France*, New York, 1965

Villepin (P. de), *L'Ordre de Saint-Hubert en Lorraine et du Barrois (1416-1852)*, Paris, 1999

Villot (F.), *Notice des tableaux exposés dans les galeries du musée impérial du Louvre. École française*, Paris, 1855, t. III

Beauvais :

Manufacture, 1920-1921, « La saison d'art à Beauvais. L'atelier de François Desportes »

Musée départemental de l'Oise, 1990-1991, « D'Oudry à Le Sidaner : ils ont aimé l'Oise »

Berlin, 1937, « Exposition internationale de la chasse »

Berne, Kunstmuseum, 1959, « 1920-1921, Das 17 Jahrhundert in der Französiche Malerei »

Gien :
musée international de la Chasse, 1992, « Le loup »
—, 1993, « Joseph Oberthür 1872-1956 »
—, 1998, voir Paris, fondation Mona Bismarck

Louveciennes, musée promenade de Marly-le-Roi, 1990, « Divertissements à Marly au temps de Louis XIV, 1686-1715 »

New York, Anderson galleries, 1926, « The Art of Bernard Boutet de Monvel paintings and bas-reliefs »

Noyon, musée du Noyonnais, 1988, « Joseph-Porphyre Pinchon peintre et dessinateur »

Paris :

Exposition universelle de 1900, « Salon de l'exposition décennale des Beaux-Arts de 1889 à 1900 »

Galerie Charpentier, 1943, « L'automne et la chasse »

Palais de Glace, 1951, « Salon de la chasse et de la vénerie »

Galeries nationales du Grand Palais, 1972, « L'école de Fontainebleau »

Musée du Louvre, 1982-1983, « L'atelier de Desportes »

Mairie du VIe arrondissement, 1987, « Talents du VIe, Hommage à Félicien Cacan »

Fondation Mona Bismarck (Gien, musée international de la Chasse), 1998, « Alexandre-François Desportes Tableaux de chasse »

Musée de la Chasse et de la Nature, 1999-2000, « À courre, à cor et à cri. Images de la vénerie du XIXe siècle »

Musée de la Chasse et de la Nature, 2000-2001, « Vies de chiens »

Salzbourg, galerie Welz, 1941, « Französiche Kunst des 19 Jahrhunderts »

Senlis, musée de l'Hôtel de Vermandois, 1999-2000, « Albert Guillaume »

Crédits photographiques

Cet ouvrage a été achevé d'imprimer sur les presses de Grafedit, Azzano San Paolo, en avril 2001.